Jaime Wojciechowski

Linguagem de
PROGRAMAÇÃO
COBOL
para Mainframe

2ª Edição

Linguagem de Programação COBOL para Mainframe - 2ª Edição

Copyright© Editora Ciência Moderna Ltda., 2010

Todos os direitos para a língua portuguesa reservados pela EDITORA CIÊNCIA MODERNA LTDA.

De acordo com a Lei 9.610, de 19/2/1998, nenhuma parte deste livro poderá ser reproduzida, transmitida e gravada, por qualquer meio eletrônico, mecânico, por fotocópia e outros, sem a prévia autorização, por escrito, da Editora.

Editor: Paulo André P. Marques
Supervisão Editorial: Aline Vieira Marques
Copidesque: Janaina Araújo
Capa: Cristina Satchko Hodge
Diagramação: Janaína Salgueiro
Assistente Editorial: Ana Cristina Andrade

Várias **Marcas Registradas** aparecem no decorrer deste livro. Mais do que simplesmente listar esses nomes e informar quem possui seus direitos de exploração, ou ainda imprimir os logotipos das mesmas, o editor declara estar utilizando tais nomes apenas para fins editoriais, em benefício exclusivo do dono da Marca Registrada, sem intenção de infringir as regras de sua utilização. Qualquer semelhança em nomes próprios e acontecimentos será mera coincidência.

FICHA CATALOGRÁFICA

WOJCIECHOWSKI, Jaime

Linguagem de Programação COBOL para Mainframe - 2ª Edição
Rio de Janeiro: Editora Ciência Moderna Ltda., 2010.

1. Linguagem de programação
I — Título

ISBN: 978-85-7393-642-1   CDD 001642

Editora Ciência Moderna Ltda.
R. Alice Figueiredo, 46 – Riachuelo
Rio de Janeiro, RJ – Brasil   CEP: 20.950-150
Tel: **(21) 2201-6662/ Fax: (21) 2201-6896**
LCM@LCM.COM.BR
WWW.LCM.COM.BR   05/10

Prefácio

Este livro foi idealizado e construído ao longo de 20 anos de prática em empresas com ambiente de desenvolvimento de sistemas de grande porte Mainframe. Tem por objetivo apresentar os primeiros passos para se ingressar na área de grande porte. Está organizado de forma didática e simples baseado em dezenas de treinamentos que realizei nos últimos anos.

Verifiquei na prática a dificuldade de algumas empresas em conseguir recrutar profissionais com capacitação na Linguagem COBOL para Mainframe. Os programas de treinamento, na maioria das vezes, se resumem em cursos internos nas empresas que utilizam funcionários de áreas não técnicas para formar novos programadores. Em contrapartida, estudantes recém formados não encontraram em suas grades curriculares, os conteúdos relacionados ao ambiente de grande porte. Novos profissionais acabam ingressando na área de maneira casual por alguma indicação e acabam aprendendo a linguagem através da troca de informações com profissionais mais experientes. Isso ocorre devido a dificuldade das Universidades em montar um ambiente para o ensino desta linguagem e a formação desses profissionais acaba ocorrendo de maneira pouco formal.

Todo o conteúdo do livro foi montado a partir de necessidades reais e busca levar o leitor desde os princípios básicos da linguagem até o ponto onde terá condições de iniciar no ambiente de programação de alguma empresa.

O livro apresenta estruturas que podem ser utilizadas como referência para se confeccionar novos programas, economizando, assim, a árdua tarefa de se experimentar estruturas que podem não ser as mais convenientes para as situações e correr o risco de ter que refazer o programa para funcionar de uma forma mais eficiente.

Espero, assim, capacitar e dotar os leitores de ferramentas da linguagem que lhes permitam abrir novos horizontes em suas carreiras profissionais.

Sumário

1 – Introdução 1

2 – Estrutura de um Programa COBOL 7

3 – Variáveis 17

4 – Operadores Aritméticos 33

5 – Comandos 43

6 – Tabela 59

7 – Programa Estruturado 69

8 – Arquivos 79

9 – Sort Interno 97

10 – Relatórios 115

11 – Acesso ao Banco de Dados 127

12 – Programação On-line – COBOL CICS - Comandos 141

13 – Programação On-line – COBOL CICS – Desenho de Telas 163

14 – Programação On-line – COBOL CICS – Arquitetura de Programação .. 175

CAPÍTULO 1

INTRODUÇÃO

Este livro se destina ao aprendizado da linguagem de programação COBOL para o ambiente de grande porte Mainframe. Este ambiente é caracterizado pelo grande volume de informações, alta velocidade de processamento e gerenciamento de grande quantidade de componentes executando suas funções simultaneamente. Devido a essas características, as grandes empresas utilizam este ambiente já que, pela quantidade de tarefas a serem executadas num curto espaço de tempo, nenhum outro ambiente conseguiria executá-las na velocidade e performance necessária para garantir o andamento do processo da empresa. Um exemplo deste tipo de empresa são as instituições financeiras como bancos, operadoras de cartões de créditos, etc. Os bancos trabalham com milhares de informações, centenas de sistemas gerindo seus negócios e, principalmente, milhares de transações on-line ocorrendo simultaneamente em agências, caixas-eletrônicos e no seu site na internet. Considerando que o ambiente Mainframe é o grande centralizador de todas as plataformas utilizadas por essas empresas, espera-se uma alta performance do ambiente que garanta um tempo de resposta aceitável para as transações financeiras dos clientes, alta confiabilidade no manuseio das informações e grande capacidade de armazenamento.

Há algumas décadas pensou-se que um dia o Mainframe seria desligado, que todas as tarefas seriam migradas para plataforma baixa através de centenas de servidores. A maioria das empresas que investiram nessa arquitetura não teve sucesso, gastaram enormes quantias financeiras para fazer o downsizing, para depois gastar novamente para retornar para a plataforma alta.

Neste contexto, a linguagem COBOL, antiga, porém extremamente eficiente, suportou todas as "ondas" através do aparecimento das linguagens visuais, mas se manteve firme no seu propósito de processar grandes quantidas de informações num tempo extremamente rápido, com simplicidade e eficácia.

A linguagem ficou restrita a um conjunto relativamente pequeno de profissionais, que na maioria das vezes transmitiam seus conhecimentos de pessoa a pessoa. Poucas foram as iniciativas de se realizar treinamentos para novos profissionais, pouquíssimas universidades incluíram nas suas grades os conteúdos de Mainframe e da linguagem. Isto deveu-se ao fato de que nunca foi fácil montar um ambiente que pudesse ser utilizado pelos estudantes, devido ao alto custo, dificilmente uma universidade teria orçamento para instalar uma máquina de grande porte, até mesmo convênios com empresas com este ambiente não tiveram viabilidade.

O que ocorreu no decorrer dos anos é que os profissionais foram envelhecendo e os novos profissionais não supriram à demanda. Há cerca de 10 anos, as empresas atentaram para este fato e começaram a proporcionar treinamento interno formando novos programadores. Muitos cursos apareceram e hoje o mercado está voltando a se aquecer. Em termos de mercado, as empresas que possuem Mainframe são empresas grandes que possibilitam melhores salários e estabilidade.

A sigla COBOL vem de Common Business Oriented Language (Linguagem Orientada aos Negócios) e surgiu nos anos 60 para que os computadores, que eram utilizados somente no meio científico e militar, pudessem ser difundidos entre as empresas comerciais, financeiras e administrativas. Esta linguagem nasceu em 1959 e sua proprietária é a IBM. No fim dos anos 90 o Gartner Group estimou que dos 300 bilhões de linhas de código-fonte existentes no mundo, 80% - ou cerca de 240 bilhões de linhas - eram em COBOL. Eles também reportaram que mais da metade dos novos aplicativos de missão críticas ainda estavam sendo desenvolvidos usando o COBOL. Hoje, mais de 60% das informações da Web estão em Mainframe e são processadas pelo COBOL.

Neste livro iremos abordar a linguagem COBOL nos seus princípios básicos. A idéia é que o leitor tenha este primeiro contato sem jamais ter trabalhado com COBOL, para que consiga, numa eventual oportunidade de trabalho na área de grande porte, utilizar as técnicas descritas no livro para programar os processos de sua empresa. A linguagem, em termos de quantidade e complexidade de comandos, é extremamente simples, o que se deseja, então é, mostrar estruturas de programas para os diversos fins, para que sejam utilizadas na situação adequada. A dificuldade da linguagem está em utilizar a estrutura correta na situação específica, já que o ambiente onde seu programa será inserido é extremamente complexo, manipula milhares de informações e executa de modo concorrente a outros processos. Então, qualquer pequena falha de programação pode desencadear uma reação em cadeia que afetará o ambiente como um todo.

No capítulo 2 estudaremos como deve ser a estrutura geral de um programa COBOL, em quais partes está dividido e qual a finalidade de cada uma delas.

No capítulo 3 mostramos como funciona a definição das variáveis do COBOL. Por se tratar de uma linguagem muito antiga, a maneira de se declarar variáveis é bem diferente das linguagens mais modernas. Estas declarações têm suas particularidades, vantagens e desvantagens que serão mostradas e analisadas pelo leitor.

O capítulo 4 trabalha exclusivamente com os operadores aritméticos, estes sim, são muito semelhantes aos de outras linguagens, apesar de apresentarem operadores que só existem no COBOL.

Os capítulos 5 e 6 apresentam, então, a sintaxe e funcionamento dos principais comandos da linguagem.

O capítulo 7 apresenta uma proposta de estruturação de programas, já que não é raro programas nesta linguagem serem bastante extensos (entre 5000 e 10000 linhas de código) e sem uma estruturação definida, ocorre muita dificuldade no seu manuseio e, principalmente, nas suas manutenções futuras.

O capítulo 8 apresenta o conceito de arquivos. Apesar de todo o ambiente ter seus dados na sua maioria armazenados em Banco de Dados, os arquivos ainda são muito utilizados pela melhor performance de processamento e facilidade de manuseio.

O capítulo 9 aborda uma estrutura muito utilizada para classificação de dados, o Sort Interno.

No capítulo 10 apresentamos como se produzem relatórios neste ambiente, também muito utilizados na disseminação interna das informações na empresa.

O capítulo 11 destina-se ao estudo do acesso a Banco de Dados de dentro de um programa COBOL que, este sim, não difere muito das linguagens modernas já que o acesso se dá com a utilização do padrão SQL.

Finalmente, os capítulos 12, 13 e 14 tratam da linguagem COBOL CICS, responsável pela programação para transações on-line, utilizadas em grande escala nos tipos de empresas onde se utiliza Mainframe já que, independente da plataforma de início da transação (caixas de auto-atendimento, agências, lojas, internet), o processamento final ocorre numa transação on-line na linguagem COBOL.

Estrutura de um Programa COBOL

Um programa COBOL é composto por divisões e seções, cada uma sendo utilizada para um fim específico.

2.1. DIVISÕES E SEÇÕES

IDENTIFICATION DIVISION

Responsável pela identificação do programa para o sistema operacional. É desta divisão que será tirado o nome do programa. Este nome deve ter, no máximo, oito posições alfanuméricas e será utilizado para a criação do código objeto. No momento da execução do programa, este será o nome de referência para o sistema operacional.

Apesar de não ser regra, é aconselhável que o nome do arquivo texto que será digitado o programa tenha o mesmo nome colocado nesta divisão.

A Identification Division deve ser a primeira linha do programa.
A cláusula que contém o nome do programa é a PROGRAM-ID.

A Identification Division não é dividida em seções.

EXEMPLO:

```
000001 IDENTIFICATION DIVISION.
000002 PROGRAM-ID. TRE0001.
```

ENVIRONMENT DIVISION

Responsável pela ligação com o ambiente operacional que o programa irá executar. Esta divisão tem as seguintes funções:

- Identificar o modelo do computador mainframe da instalação onde o programa irá executar (Não mais utilizado nas versões atuais).

- Fazer a ligação dos arquivos lógicos que o programa usará com os arquivos físicos. Nesta cláusula são relacionados os arquivos que o programa irá utilizar denominando um apelido (alias) ao nome do arquivo para ser usado no programa.

- Formatação de números. Esta cláusula define o padrão de separação de decimais e milhares. Como o default da linguagem é trabalhar com os separadores padrão americano (vírgulas para separação de milhares e ponto para os decimais), a colocação desta cláusula define a utilização do padrão brasileiro (ponto para separação de milhares e vírgula para os decimais).

Esta divisão é organizada em três seções:

CONFIGURATION SECTION: Descreve o sistema computacional onde o programa irá rodar. Define o tratamento dado a alguns nomes especiais.

INPUT-OUTPUT SECTION: Fornece informações sobre os dispositivos que serão usados por cada arquivo encontrado no programa, fazendo a ligação do nome lógico do arquivo com o dispositivo físico do mesmo.

Capítulo 2 - Estrutura de um Programa COBOL ◊ 11

EXEMPLO:

```
000001 ENVIRONMENT DIVISION.
000002
000003 CONFIGURATION SECTION.
000004  OBJECT-COMPUTER.     IBM-3090.
000005
000006 SPECIAL-NAMES.
000007      DECIMAL-POINT IS COMMA.
000008
000009 INPUT-OUTPUT SECTION.
000010
000011 FILE-CONTROL.
000012
000013     SELECT ITREF001
000014            ASSIGN           ITREF001
000015            FILE STATUS      AS-STATUS-F001.
```

Na linha 4 consta a cláusula OBJECT-COMPUTER, responsável por identificar o modelo do computador onde o programa irá executar, no caso IBM-3090. Esta cláusula é dispensável nas versões atuais da linguagem.

Nas linhas 6 e 7 consta a cláusula SPECIAL-NAMES, responsável pela transformação do tipo de formatação dos números do padrão americano (vírgulas para separação de milhares e ponto para os decimais) para o padrão brasileiro (ponto para separação de milhares e vírgula para os decimais).

Nas linhas 9 a 15 constam as cláusulas responsáveis por relacionar os arquivos que serão utilizados pelo programa. Estas cláusulas serão explicadas em detalhes no capítulo que descreve a manipulação de arquivos.

DATA DIVISION

Nesta divisão são descritas as áreas variáveis de trabalho utilizadas pelo programa, os layouts de registros de arquivos e áreas recebidas como parâmetros de outros programas COBOL.

Esta divisão é organizada em três seções:

FILE SECTION: Descreve os layouts dos arquivos de entrada e saída, além das características de cada um.

WORKING-STORAGE SECTION: Descreve todas as áreas temporárias usadas no programa.

LINKAGE-SECTION: Descreve a área comum a ser compartilhada entre o programa principal e a sub-rotina.

```
000001 DATA DIVISION.
000002
000003 FILE SECTION.
000004
000005 FD   ITREF001.
000006      RECORD   45.
000007
000008 01 REG-ITREF001
000009     05 F001-MATRICULA        PIC 9(005).
000010     05 F001-NOME              PIC X(040).
000011
000012 WORKING-STORAGE SECTION.
000013
000014 01 AREAS-DE-SALVAMENTO.
000015
000016     05 AS-DATA               PIC 9(008) VALUE ZEROS.
000017
000018 LINKAGE SECTION.
000019
000020 01 LK-PARAMETROS.
000021
000022     05 LK-NOME-CLIENTE       PIC X(050) VALUE SPACES.
```

A explicação das cláusulas deste exemplo será vista em detalhes nos capítulos correspondentes.

PROCEDURE DIVISION

É onde se deve definir toda a lógica de programação a ser executada pelo programa. Na Procedure Division são encadeados os comandos da linguagem para que o programa produza o resultado para o qual foi confeccionado.

As seções desta divisão são definidas pelo programador e são utilizadas para organizar a lógica do programa.

A divisão da Procedure em seções está ligada com a técnica de programação estruturada. É aconselhável separar os módulos de um programa extenso em seções, cada uma com uma função específica.

EXEMPLO:
```
000001 PROCEDURE DIVISION.
000002
000003         COMPUTE AS-RESULTADO = (AS-VALOR-1 / AS-VALOR-2) +
000004                                (10*15) ** 3
000005
000006         DISPLAY 'RESULTADO ' AS-RESULTADO
000007
000008         GOBACK.
```

2.2. MARGENS

Ao contrário da maioria das linguagens de programação onde os comandos podem ser escritos de maneira livre em qualquer parte da área de digitação, a linguagem COBOL exige que a escrita obedeça a certas regras de formatação onde determinadas cláusulas (comandos e estruturas) sejam colocadas em colunas determinadas.

As colunas da área de digitação devem obedecer às seguintes regras:

1ª) A ÁREA DA COLUNA 1 ATÉ A 6:

É ignorada pelo compilador. Nesta área pode-se escrever aquilo que se desejar ou deixar em branco. Nos exemplos deste livro usamos esta área para numerar as linhas do programa para auxiliar a explicação sobre essas linhas. Normalmente estas colunas ficam em branco.

2ª) A COLUNA 7:

É utilizada para a colocação de algumas marcas:

'*': Quando colocado um asterisco na coluna 7, indica que a linha é um comentário e é ignorada pelo compilador.

'/': Quando colocada uma barra na coluna 7, indica quebra de página no caso da impressão do programa.

'-': Quando colocado um traço na linha, indica que a linha é uma continuação da linha anterior, mas somente na escrita de literais (texto entre aspas simples). Não se utiliza este sinal para continuação de comandos.

3ª) A ÁREA DA COLUNA 8 ATÉ 11 – MARGEM A:

Colunas para definições das divisões, seções e parágrafos existentes no programa. Definição de campos com nível 01. É também obrigatório colocar a Definição de Arquivos (FD). Qualquer outro componente será rejeitado pelo compilador gerando erro ou aviso de saída do compilador.

4ª) A ÁREA DA COLUNA 12 ATÉ 72 – MARGEM B:

Servirá para colocar todos os outros componentes necessários para o programa, incluindo aí as definições de campos, máscaras e comandos da PROCEDURE DIVISION.

2.3. Exemplo Completo de um Programa COBOL

```
         1         2         3         4         5         6         7
123456789012345678901234567890123456789012345678901234567890123456789012
000001 ID DIVISION.
000002 PROGRAM-ID. TRE0001.
000003******************************************************************
000004*        SISTEMA . . . . . . . . . . TRE - TREINAMENTO            *
000005*        ANALISTA. . . . . . . . . . JAIME WOJCIECHOWSKI          *
000006*        PROGRAMADOR . . . . . . . . JAIME WOJCIECHOWSKI          *
000007*        DATA . . . . . . . . . . . AGOSTO/2007                   *
000008*        FUNCAO . . . . . . . . . . EXEMPLO PROGRAMA COBOL        *
000009******************************************************************
000010 ENVIRONMENT DIVISION.
000011
000012 CONFIGURATION SECTION.
000013    OBJECT-COMPUTER.     IBM-3090.
000014
000015 SPECIAL-NAMES.
000016     DECIMAL-POINT IS COMMA.
000017
000018 INPUT-OUTPUT SECTION.
000019
000020 FILE-CONTROL.
000021
000022     SELECT ITREF001
000023         ASSIGN               ITREF001
000024         FILE STATUS          AS-STATUS-F001.
000025
000026 DATA DIVISION.
000027
000028 FILE SECTION.
000029
000030 FD ITREF001
000031    RECORD     45.
000032
```

16 ◊ Linguagem de Programação COBOL para Mainframe

```
000033 01  REG-ITREF001.
000034     05 F001-MATRICULA    PIC 9(005).
000035     05 F001-NOME          PIC X(040).
000036
000037 WORKING-STORAGE SECTION.
000038
000039 01  AREAS-DE-SALVAMENTO.
000040
000041     05 AS-DATA             PIC 9(008)         VALUE ZEROS.
000042     05 AS-STATUS-F001      PIC 9(002)         VALUE ZEROS.
000043     05 AS-VALOR-1          PIC S9(011)V9(002) VALUE 200000.
000044     05 AS-VALOR-2          PIC S9(011)V9(002) VALUE 7.
000045     05 AS-RESULTADO        PIC S9(011)V9(002) VALUE ZEROS.
000046     05 AS-RESULTADO-EDIT   PIC --.---.---.---9,99 VALUE ZEROS.
000047
000048 LINKAGE SECTION.
000049
000050 01  LK-PARAMETROS.
000051
000052     05 LK-NOME-CLIENTE    PIC X(050) VALUE SPACES.
000053
000054 PROCEDURE DIVISION.
000055
000056     COMPUTE AS-RESULTADO = (AS-VALOR-1 / AS-VALOR-2) +
000057                            (10*15) ** 3
000058
000059     MOVE AS-RESULTADO TO AS-RESULTADO-EDIT
000060     DISPLAY 'RESULTADO ' AS-RESULTADO-EDIT
000061
000062     GOBACK.
```

Caso o programa não utilize arquivos, podem-se omitir as cláusulas relacionadas a arquivos, da mesma forma, se o programa não recebe parâmetros, pode-se omitir a seção LINKAGE SECTION da DATA DIVISION.

Cada linha do exemplo acima será explicada nos capítulos correspondentes.

CAPÍTULO 3

VARIÁVEIS

Capítulo 3 - Variáveis ◊ 19

Variáveis são áreas de trabalho utilizadas pelo programa · COBOL para armazenamento de números, letras, para a realização de cálculos, movimentação e apresentação dos seus conteúdos.

São utilizadas para armazenar conteúdos em programas, nomes de arquivos, campos, etc.

3.1. DEFINIÇÃO DE VARIÁVEIS

Para a criação de uma variável na DATA DIVISION as seguintes informações devem ser descritas:

1º) NÍVEL DA VARIÁVEL:

O nível da variável indica sua subordinação em relação a outras variáveis. As variáveis no COBOL podem ser Itens de Grupo ou Itens Elementares. Uma variável Item de Grupo agrupa outras variáveis que podem ser elementares ou também outros Itens de Grupo.

A primeira variável sempre é criada com nível 01. Caso se queira criar uma variável subordinada a esta variável, basta criá-la com um nível maior que 01. Geralmente para os níveis subordinados vai se aumentando a numeração dos níveis em intervalos de 5 em 5.

EXEMPLOS DE NÍVEIS DE VARIÁVEL:

```
000001    01   AS-ITEM-GRUPO-1.
000002         05  AS-ITEM-ELEM-1        PIC 9(002) VALUE 11.
000003         05  AS-ITEM-GRUPO-2.
000004              10  AS-ITEM-ELEM-2   PIC X(003) VALUE 'JK'.
000005              10  AS-ITEM-ELEM-3   PIC 9(005) VALUE 12345.
000006         05  AS-ITEM-ELEM-4        PIC X(005) VALUE 'ABCDE'
```

Neste exemplo, AS-ITEM-GRUPO-1 (nível 01) tem três variáveis subordinadas a ela, AS-ITEM-ELEM-1, AS-ITEM-GRUPO-2 e AS-ITEM-ELEM-4 (nível 05).

Por sua vez, a variável AS-ITEM-GRUPO-2 (nível 05) tem duas variáveis subordinadas a ela, AS-ITEM-ELEM-2 e AS-ITEM-ELEM-3 (nível 10).

2º) Nome da Variável:

O nome de uma variável deve obedecer às seguintes regras de formação:

- Ter um nome de no máximo 30 caracteres;

- Pode conter letras de A a Z, dígitos de 0 a 9 e o hífen '–';

- Deve ter pelo menos uma letra;

- Não pode começar nem terminar com hífen;

- Não é permitido criar variáveis cujos nomes sejam palavras reservadas do COBOL (nomes de comandos, nomes de divisões, nomes de seções, nomes de cláusulas, etc.);

- O nome de uma variável deve, obrigatoriamente, começar com uma letra;

Exemplos de nomes de variáveis:

AS-NOME-CLIENTE

AS-NUM-CPF

AS-DATA-8

TB-CLIENTE

IX-TAB

F001-NUM-MATRICULA

Capítulo 3 - Variáveis ◊ 21

Existe uma cultura na programação em COBOL de que os nomes das variáveis sejam criados com um qualificador no início para que o programador tenha uma idéia do seu conteúdo. Não é regra da linguagem, mas os qualificadores são utilizados na maioria das instalações. Seguem os principais qualificadores de nomes de variáveis:

QUALIFICADOR	DESCRIÇÃO	EXEMPLO
AS-	Utilizado para Áreas de Salvamento.	AS-NOME-CLIENTE AS-NUM-CPF
AC-	Acumuladores. Utilizado em variáveis numéricas que acumulam valores para totalização.	AC-TOT-REG Acumulador de total de registros
TB-	Tabelas. Utilizado para variáveis de tabela.	TB-SALDO
IX-	Indexadores. Utilizado para variáveis que indexam as tabelas.	IX-SALDO
CH-	Chaves. Para variáveis booleanas.	CH-ACHEI-REG
WS-	Também utilizada para áreas de salvamento no lugar do qualificador AS-.	WS-NOME-CLIENTE
F999-	Campos de arquivos.	F001-NUM-CPF

3º) TIPO DE VARIÁVEL:

Uma variável pode ser de dois tipos. Para se determinar o tipo, utiliza-se a cláusula PICTURE que pode ser abreviada simplesmente para PIC.

Após a definição da Picture, deve-se informar a quantidade de posições que a variável vai ocupar.

VARIÁVEL NUMÉRICA SEM SINAL (9):

Usado para armazenar os números naturais quando a variável for utilizada para manipular números ou cálculos matemáticos. Possui somente dígitos de zero a nove. O alinhamento dos números é pela direita e os espaços não significativos à esquerda são preenchidos com zeros.

EXEMPLO:

```
000001 01  AREA-DE-SALVAMENTO.
000002
000003     05 AS-CODIGO           PIC 9(004).
```

Neste exemplo foi criada uma variável de nome AS-CODIGO, subordinada à variável de Grupo de nome AREA-DE-SALVAMENTO. AS-CODIGO é uma variável numérica de 4 posições, portanto pode armazenar números inteiros de 0000 a 9999.

VARIÁVEL NUMÉRICA COM SINAL (S9):

Usada para armazenar números inteiros (positivos, negativos e o zero) quando a variável for utilizada para manipular números ou cálculos matemáticos. É semelhante à picture 9 somente com a diferença que aceita números negativos.

EXEMPLO:

```
000001 01  AREA-DE-SALVAMENTO.
000002
000003     05 AS-TEMPERATURA      PIC S9(002).
```

NÚMEROS COM DECIMAIS:

Quando se deseja criar uma variável numérica com decimais, basta utilizar a letra "V" na posição onde seria a vírgula.

Capítulo 3 - Variáveis ◊ 23

EXEMPLO:

```
000001 01   AREA-DE-SALVAMENTO.
000002
000003      05 AS-SALDO        PIC S9(011)V9(002).
```

Neste exemplo foi criada uma variável numérica com o nome AS-SALDO com 11 posições inteiras e duas decimais. A variável também aceita valores negativos.

VARIÁVEL ALFANUMÉRICA (X):

Aceita qualquer caractere. O alinhamento é pela esquerda.

EXEMPLO:

```
000001 01   AREA-DE-SALVAMENTO.
000002
000003      05 AS-NOME-CLIENTE   PIC X(050).
```

OBSERVAÇÃO:

Outra maneira de indicar a quantidade de posições de uma variável é repetindo a indicação de sua picture tantas vezes quantas forem as posições.

EXEMPLO:

```
000001 01   AREA-DE-SALVAMENTO.
000002
000003      05 AS-SALDO     PIC S9(011)V99.
000004      05 AS-CODIGO    PIC 9999.
000005      05 AS-SIGLA     PIC XXXXX.
```

Neste exemplo, na linha 3 a quantidade de duas decimais foi indicada pela colocação de dois números nove. Na linha 4, a quantidade de quatro posições para a variável AS-CODIGO foi indicada pela colocação de quatro números nove e na linha 5, a quantidade de cinco posições alfanuméricas foi indicada pela colocação de cinco letras "X".

4º) VALOR INICIAL DE UMA VARIÁVEL:

Uma variável pode receber um valor inicial que será atribuído no início da execução do programa. Para isso utiliza-se a cláusula VALUE.

EXEMPLO:

```
000001 01  AREA-DE-SALVAMENTO.
000002
000003     05 AS-CODIGO        PIC 9(004)   VALUE 200.
000004     05 AS-NUM-CPF       PIC 9(011)   VALUE ZEROS.
000005     05 AS-NOME-CLIENTE  PIC X(050)   VALUE 'JOAO DA SILVA'.
000006     05 AS-ENDERECO      PIC X(050)   VALUE SPACES.
```

Neste exemplo, a variável AS-CODIGO foi inicializada com o valor 200. A variável AS-NUM-CPF foi inicializada com o valor 0 (zero), onde foi utilizada uma palavra reservada do COBOL, o ZEROS, que tem a mesma finalidade. A variável AS-NOME-CLIENTE foi inicializada com o nome JOAO DA SILVA. Como se trata de uma variável alfanumérica, seu conteúdo foi colocado entre aspas simples. Finalmente, a variável AS-ENDERECO foi inicializada com espaços em branco, para isso, também foi utilizada a palavra reservada do COBOL para esse fim, a palavra SPACES.

Capítulo 3 - Variáveis ◊ 25

3.2. ITENS DE GRUPO E ITENS ELEMENTARES

Os Itens de Grupo existem para que um conjunto de variáveis seja manipulado com um único nome. Quando se cria um Item de Grupo, não se define um tipo, já que a variável pode agrupar variáveis de diversos tipos (numéricas e alfanuméricas).

O exemplo a seguir mostra como se manipulam os Itens de Grupo:

SUPONHA AS SEGUINTES VARIÁVEIS:

```
000001 01  AS-ITEM-GRUPO-1.
000002     05 AS-ITEM-ELEM-1    PIC 9(002) VALUE 11.
000003     05 AS-ITEM-GRUPO-2.
000004        10 AS-ITEM-ELEM-2 PIC X(003) VALUE 'JK'.
000005        10 AS-ITEM-ELEM-3 PIC 9(005) VALUE 12345.
000006     05 AS-ITEM-ELEM-4    PIC X(005) VALUE 'ABCDE'.
```

SEUS CONTEÚDOS NA MEMÓRIA SERIAM OS SEGUINTES:

AS-ITEM-ELEM-1	11
AS-ITEM-ELEM-2	JK
AS-ITEM-ELEM-3	12345
AS-ITEM-ELEM-4	ABCDE
AS-ITEM-GRUPO-2	JK 12345
AS-ITEM-GRUPO-1	11JK 12345ABCDE

OBSERVAÇÃO:

• Outra maneira de inicializar variáveis é através do comando INITIALIZE que é usado na Procedure Division. Este comando inicializa uma variável numérica com zeros e uma variável alfanumérica com espaços em branco. Caso o comando seja utilizado para uma variável Item de Grupo, todas as variáveis subordinadas ao nível serão incalizadas;

EXEMPLO:

```
000001 WORKING-STORAGE SECTION.
000002
000003 01  AREAS-DE-SALVAMENTO.
000004
000005     05 AS-DATA              PIC 9(008).
000006     05 AS-NOME-CLIENTE      PIC X(050).
000007
000008 01  ACUMULADORES.
000009
000010     05 AC-TOTAL             PIC 9(008).
000011
000012 PROCEDURE DIVISION.
000013
000014     INITIALIZE AREAS-DE-SALVAMENTO
000015     INITIALIZE AC-TOTAL
```

Neste exemplo, como não foi utilizada a cláusula VALUE na definição das variáveis, o comando da linha 14 inicializa a variável AS-DATA com zeros e AS-NOME-CLIENTE com espaços em branco. O comando da linha 15 inicializa a variável AC-TOTAL com zeros.

Geralmente as variáveis na Working-Storage Section são agrupadas segundo o seu qualificador. Assim, cria-se um nível 01 com o nome AREA-DE-SALVAMENTO para agrupar todas as variáveis com qualificador AS- e assim para os demais qualificadores.

Capítulo 3 - Variáveis ◊ 27

3.3. Pictures Especiais para Edição de Valores Numéricos

Existem pictures especiais que são utilizadas para formatação de valores numéricos. Por exemplo, na apresentação de valores monetários, espera-se que os números sejam apresentados com divisão de milhares e a vírgula separando os decimais. Para esta formatação utilizam-se as Pictures de Edição.

Existem diversas maneiras de se definir variáveis com pictures de Edição. Define-se uma variável para cada tipo de saída desejada.

Exemplos:

```
000001  01  AREA-DE-SALVAMENTO.
000002
000003      05  AS-VALOR-1-EDITADO      PIC 99.999.999.999,99.
000004      05  AS-VALOR-2-EDITADO      PIC ZZ.ZZZ.ZZZ.ZZ9,99.
000005      05  AS-VALOR-3-EDITADO      PIC --.---.---.--9,99.
000006      05  AS-VALOR-4-EDITADO      PIC ZZ.ZZZ.ZZZ.ZZ9,99-.
```

Explicação da Linha 3:

Esta picture indica que os números serão apresentados com separação de milhares e com o ponto decimal. Como foram colocados onze números "nove" na parte inteira, este é o tamanho inteiro da variável. Suponha que fosse movido o conteúdo 100 para a variável, a apresentação deste conteúdo seria assim:

```
MOVE 100 TO AS-VALOR-1-EDITADO
DISPLAY AS-VALOR-1-EDITADO
```

RESULTADO: 00.000.000.100,00 (Não elimina zeros à esquerda)

EXPLICAÇÃO DA LINHA 4:

Neste caso, o símbolo "Z" na picture tem a mesma função do "9", ou seja, indica uma posição numérica, porém se nesta posição tiver um número 0 (zero) não significativo (zero à esquerda), ele é substituído por um espaço em branco na apresentação. Suponha o mesmo conteúdo 100 para a variável, a apresentação deste conteúdo seria assim:

```
MOVE 100 TO AS-VALOR-2-EDITADO
DISPLAY AS-VALOR-2-EDITADO
```

RESULTADO: 100,00 (Elimina zeros à esquerda)

EXPLICAÇÃO DA LINHA 5:

Neste caso, o símbolo "-" na picture tem a mesma função do "Z", ou seja, elimina os zeros à esquerda. Porém, se o conteúdo da variável for negativo, o sinal de "menos" é apresentado antes do número, imediatamente na frente do primeiro número significativo. Caso o número seja positivo, não apresenta nenhum sinal.

```
MOVE -100 TO AS-VALOR-3-EDITADO
DISPLAY AS-VALOR-3-EDITADO
```

RESULTADO: -100,00   (Elimina zeros à esquerda e coloca o sinal junto ao número)

```
MOVE 100 TO AS-VALOR-3-EDITADO
DISPLAY AS-VALOR-3-EDITADO
```

RESULTADO: 100,00   (Elimina zeros à esquerda)

Capítulo 3 - Variáveis ◊ 29

EXPLICAÇÃO DA LINHA 6:

Neste caso, o símbolo "-" colocado à direita indica que, se o número for negativo, o sinal será colocado após o número. Como a picture contém a letra "Z", os zeros não significativos também são suprimidos.

```
MOVE -100 TO AS-VALOR-4-EDITADO
DISPLAY AS-VALOR-4-EDITADO

RESULTADO:    100,00-(Elimina zeros e coloca o sinal
                     junto ao número à direita)
```

OBSERVAÇÕES:

- As Pictures de edição são usadas na apresentação de valores com o comando DISPLAY (mostrado nos exemplos) e na impressão de relatórios.

- Uma variável com Picture de Edição não pode ser utilizada em cálculos, somente pode receber valores e ser apresentada.

3.4. COMPACTAÇÃO

Uma variável numérica (PIC 9) pode ser armazenada para ocupar um número menor de bytes na memória (ou em arquivo). Para isto, podem-se colocar algumas cláusulas na sua definição.

COMP-3

Se definida uma variável com COMP-3 nela será usada um byte para cada dois números, reduzindo pela metade o espaço de armazenamento.

Por exemplo:

```
05 AS-NUMERO-CONTRATO PIC 9(007) COMP-3.
```

Esta variável irá ocupar 4 bytes e não 7. É a metade do tamanho da variável arredondando para cima.

COMP

Se definida uma variável com COMP, seu conteúdo será armazenado em números binários. Esta forma é usada para variáveis que manipulam tabelas internas para a melhoria de performance.

Por exemplo:

```
05  IX-TABELA  PIC 9(004) COMP.
```

3.5 Utilização da Cláusula FILLER

Utiliza-se quando não há necessidade de dar um nome ao campo, FILLER é uma palavra reservada do COBOL e será usada quando se tem campos na WORKING que têm valores fixos e não serão utilizados pelo programa. Podem-se criar diversas variáveis com o nome FILLER.

Exemplo:

```
000001 01 AREA-DE-SALVAMENTO.
000002
000003    05 FILLER          PIC X(008).
```

3.6 UTILIZAÇÃO DA CLÁUSULA REDEFINES

A Cláusula REDEFINES indica um tipo de redefinição e deve ser colocada logo após o campo que se quer redefinir. É usada quando se quer um campo com um formato especificado, pois o COBOL só faz compactação de descompactação de itens elementares. É usada para tratar cada subcampo de uma variável.

É necessário que o tamanho do item redefinido seja o mesmo de antes de redefini-lo.

EXEMPLO 1:

```
000001  01 AREA-DE-SALVAMENTO.
000002
000003      05 AS-DATA-ADMISSAO      PIC 9(008).
000004      05 FILLER REDEFINES      AS-DATA-ADMISSAO.
000005          10 AS-DIA-ADMISSAO   PIC 9(002).
000006          10 AS-MES-ADMISSAO   PIC 9(002).
000007          10 AS-ANO-ADMISSAO   PIC 9(004).
```

Neste exemplo pode-se utilizar a variável na sua totalidade usando o nome AS-DATA-ADMISSÃO ou partes dela usando Dia, Mês ou Ano.

EXEMPLO 2:

```
000001  01 AREA-DE-SALVAMENTO.
000002
000003      05 AS-TELEFONE            PIC 9(011).
000004      05 FILLER REDEFINES       AS-TELEFONE.
000005          10 AS-DDD-TELEFONE    PIC 9(003).
000006          10 AS-NUMERO-TELEFONE PIC 9(008).
```

3.7 UTILIZAÇÃO DO COPY

Esta cláusula insere um texto pré-escrito em um programa CO-BOL. Eles são incluídos na compilação.

EXEMPLO 2:

```
000001 01 AREA-DE-SALVAMENTO.
000002
000003 COPY TREW001.
```

O arquivo TREW001 poderia conter algumas variáveis de working que serão incorporadas à working do programa quando for compilado.

Os copys são utilizados quando um conjunto de variáveis é manuseado em vários programas. Para que estas variáveis não sejam repetidas em todos os programas, cria-se um COPY. Tem a mesma função da cláusula Include de linguagens como "C" e Java.

OPERADORES
ARITMÉTICOS

Capítulo 4 - Operadores Aritméticos ◊ 35

A realização de cálculos matemáticos na linguagem COBOL não difere muito de outras linguagens. Os cálculos são feitos através de expressões matemáticas com a utilização dos símbolos das operações. Os operadores matemáticos são:

```
+    Adição
-    Subtração
*    Multiplicação
/    Divisão
**   Potência
```

Para a operação de Radiciação, utiliza-se a potência com expoente fracionário, por exemplo, raiz cúbica de 7 seria feito com a expressão 7 ** (1/3).

4.1 Comando COMPUTE

Para o cálculo de uma expressão matemática, utiliza-se o comando COMPUTE na Procedure Division.

EXEMPLO:

```
000001 PROCEDURE DIVISION.
000002
000003     COMPUTE AS-VALOR-1 = (AS-VALOR-1 + AS-VALOR-2) /
000004                         (AS-VALOR-2 ** 3)
```

Neste exemplo o resultado do cálculo será armazenado na variável AS-VALOR-1. Note que o comando ocupa as linhas 3 e 4, não sendo necessário nenhum caractere de continuação nem finalização de linha para o comando.

O exemplo a seguir é um programa completo que utiliza variáveis com Pictures de Edição e cálculos matemáticos feitos com o comando COMPUTE.

36 ◊ Linguagem de Programação COBOL para Mainframe

```
          1         2         3         4         5         6         7
123456789012345678901234567890123456789012345678901234567890123456789012
000001 ID DIVISION.
000002 PROGRAM-ID. TRE0002.
000003******************************************************************
000004*        SISTEMA . . . . . . . . . . TRE - TREINAMENTO           *
000005*        ANALISTA. . . . . . . . . . JAIME WOJCIECHOWSKI         *
000006*        PROGRAMADOR . . . . . . . . JAIME WOJCIECHOWSKI         *
000007*        DATA  . . . . . . . . . . . AGOSTO/2007                 *
000008*        FUNCAO  . . . . . . . . . . EXEMPLO COMPUTE             *
000009******************************************************************
000010 ENVIRONMENT DIVISION.
000011 CONFIGURATION SECTION.
000012 OBJECT-COMPUTER.           IBM-3090.
000013 SPECIAL-NAMES.
000014     DECIMAL-POINT IS COMMA.
000015
000016 DATA DIVISION.
000017
000018 WORKING-STORAGE SECTION.
000019
000020 01 AREAS-DE-SALVAMENTO.
000021
000022    05 AS-VALOR-1              PIC S9(011)V9(002) VALUE 200000.
000023    05 AS-VALOR-2              PIC S9(011)V9(002) VALUE 123456.
000024    05 AS-VALOR-3              PIC S9(011)        VALUE ZEROS.
000025    05 AS-RESULTADO            PIC S9(011)V9(002) VALUE ZEROS.
000026    05 AS-RESULTADO-EDIT       PIC ZZ.ZZZ.ZZZ.ZZ9,99-.
000027
000028 PROCEDURE DIVISION.
000029
000030     COMPUTE AS-RESULTADO = (AS-VALOR-1 + 3 - AS-VALOR-2)
000031     MOVE AS-RESULTADO  TO  AS-RESULTADO-EDIT
000032     DISPLAY 'RESULTADO 1 ' AS-RESULTADO-EDIT
000033
000034     COMPUTE AS-RESULTADO = (AS-VALOR-1 + 3 - AS-VALOR-2) * 10
000035     MOVE AS-RESULTADO  TO  AS-RESULTADO-EDIT
000036     DISPLAY 'RESULTADO 2 ' AS-RESULTADO-EDIT
000037
000038     COMPUTE AS-RESULTADO = 10 * 1,45789
000039     MOVE AS-RESULTADO  TO  AS-RESULTADO-EDIT
000040     DISPLAY 'RESULTADO 3 ' AS-RESULTADO-EDIT
000041
000042     GOBACK.
```

Além do comando COMPUTE, outros comandos podem ser utilizados para a realização de cálculos:

4.2. COMANDO ADD

Soma um conteúdo em uma determinada variável.

SINTAXE:

```
000001    ADD AS-VARIAVEL-1   TO  AS-VARIAVEL-2
000002    ADD CONSTANTE       TO  AS-VARIAVEL-3
000003    ADD AS-VARIAVEL-1   TO  AS-VARIAVEL-2 AS-VARIAVEL-3
```

Na linha 1, o conteúdo de AS-VARIAVEL-1 será somado ao conteúdo da variável AS-VARIAVEL-2 e o resultado será armazenado em AS-VARIAVEL-2.

Na linha 2, um determinado valor constante será somado ao conteúdo de AS-VARIAVEL-3.

Na linha 3, o conteúdo de AS-VARIAVEL-1 será somado ao conteúdo da variável AS-VARIAVEL-2 e de AS-VARIÁVEL-3.

EXEMPLOS:

```
000001    ADD 1              TO AS-VALOR-1
000002    ADD AS-VALOR-1     TO AS-VALOR-2
```

4.3. COMANDO SUBTRACT

Subtrai um conteúdo em uma determinada variável.

SINTAXE:

```
000001      SUBTRACT AS-VARIAVEL-1    FROM  AS-VARIÁVEL-2
000002      SUBTRACT CONSTANTE        FROM  AS-VARIÁVEL-3
```

Na linha 1, o conteúdo de AS-VARIÁVEL-1 será subtraído da variável AS-VARIÁVEL-2, ou seja, após o comando, a variável AS-VARIAVEL-2 ficará com seu conteúdo menos o conteúdo de AS-VARIAVEL-1.

Na linha 2, o conteúdo de AS-VARIÁVEL-3 será subtraído do valor da constante, ou seja, após o comando, a variável AS-VARIA-VEL-3 ficará com seu conteúdo menos o conteúdo da constante.

EXEMPLOS:

```
000001      SUBTRACT 1              FROM AS-VALOR-1
000002      SUBTRACT AS-VALOR-1     FROM AS-VALOR-2
```

4.4. COMANDO MULTIPLY

Efetua a multiplicação.

Sintaxe:

```
000001    MULTIPLY AS-VARIAVEL-1 BY AS-VARIAVEL-2 GIVING AS-VARIAVEL-3
```

Na linha 1, o conteúdo de AS-VARIÁVEL-1 será multiplicado pelo conteúdo de AS-VARIÁVEL-2 e o resultado será armazenado em AS-VARIAVEL-3.

EXEMPLOS:

```
000001   MULTIPLY AS-VALOR-1 BY 3 GIVING AS-VALOR-2
000002   SUBTRACT AS-VALOR-1 BY AS-VALOR-2 GIVING AS-VALOR-3
```

4.5. COMANDO DIVIDE

Efetua a divisão entre dois valores com a opção de se armazenar o resto da divisão.

SINTAXE:

```
000001   DIVIDE AS-VARIAVEL-1 BY 10 GIVING AS-VARIAVEL-2
000002                               REMAINDER AS-RESTO
000003   DIVIDE AS-VARIAVEL-1 BY AS-VARIAVEL-2 GIVING AS-VARIAVEL-3
```

Nas linhas 1 e 2, o conteúdo de AS-VARIAVEL-1 será dividido por 10, o resultado armazenado na variável AS-VARIAVEL-2 e o resto em AS-RESTO.

Na linha 3, o conteúdo de AS-VARIAVEL-1 será divido pelo conteúdo de AS-VARIAVEL-2 e o resultado armazenado na variável AS-VARIAVEL-3.

EXERCÍCIO RESOLVIDO

Nome do programa TRE0003

Definir duas variáveis na Working, a primeira deve ter o valor 1200 e a segunda -10. Fazer um programa que mostre o resultado de:

- O primeiro valor mais o segundo
- O primeiro valor menos o segundo
- O primeiro dividido pelo segundo

40 ◊ Linguagem de Programação COBOL para Mainframe

- O primeiro multiplicado pelo segundo e somado ao resultado da terceira operação (Primeiro dividido pelo segundo)

```
         1         2         3         4         5         6         7
123456789012345678901234567890123456789012345678901234567890123456789012
000001 ID DIVISION.
000002 PROGRAM-ID. TRE0003.
000003****************************************************************
000004*        SISTEMA . . . . . . . . . . TRE - TREINAMENTO          *
000005*        ANALISTA. . . . . . . . . . JAIME WOJCIECHOWSKI        *
000006*        PROGRAMADOR . . . . . . . . JAIME WOJCIECHOWSKI        *
000007*        DATA  . . . . . . . . . . . AGOSTO/2007                *
000008*        FUNCAO  . . . . . . . . . . EXERCICIO RESOLVIDO        *
000009****************************************************************
000010 ENVIRONMENT DIVISION.
000011 CONFIGURATION SECTION.
000012 OBJECT-COMPUTER.        IBM-3090.
000013 SPECIAL-NAMES.
000014     DECIMAL-POINT IS COMMA.
000015
000016 DATA DIVISION.
000017
000018 WORKING-STORAGE SECTION.
000019
000020 01 AREAS-DE-SALVAMENTO.
000021
000022     05 AS-VALOR-1            PIC S9(011)V9(002) VALUE 1200.
000023     05 AS-VALOR-2            PIC S9(011)V9(002) VALUE -10.
000024     05 AS-RESULTADO          PIC S9(011)V9(002) VALUE ZEROS.
000025     05 AS-RESULTADO-EDIT     PIC ZZ.ZZZ.ZZZ.ZZ9,99-.
000026
000027 PROCEDURE DIVISION.
000028
000029     COMPUTE AS-RESULTADO = AS-VALOR-1 + AS-VALOR-2
000030     MOVE AS-RESULTADO TO  AS-RESULTADO-EDIT
000031     DISPLAY 'RESULTADO 1 ' AS-RESULTADO-EDIT
000032
000033     COMPUTE AS-RESULTADO = AS-VALOR-1 - AS-VALOR-2
000034     MOVE AS-RESULTADO TO  AS-RESULTADO-EDIT
000035     DISPLAY 'RESULTADO 2 ' AS-RESULTADO-EDIT
000036
000037     COMPUTE AS-RESULTADO = AS-VALOR-1 / AS-VALOR-2
000038     MOVE AS-RESULTADO TO  AS-RESULTADO-EDIT
000039     DISPLAY 'RESULTADO 3 ' AS-RESULTADO-EDIT
```

```
000040
000041      COMPUTE AS-RESULTADO = (AS-VALOR-1 * AS-VALOR-2)
000042                           + AS-RESULTADO
000043
000044      MOVE AS-RESULTADO  TO  AS-RESULTADO-EDIT
000045      DISPLAY 'RESULTADO 4 ' AS-RESULTADO-EDIT
000046
000047      GOBACK.
```

Exercício Proposto

Programa TRE0004

Definir três variáveis na Working e inicializá-las com os números 2, -5 e 10, respectivamente. Mostre o resultado de:

- Variável 1 / Variável 2
- Variável 3 / Variável 1
- Variável 2 / Variável 1
- Variável 2 / Variável 3
- Variável 3 / Variável 2

Capítulo 5

Comandos

Neste capítulo vamos mostrar os principais comandos da linguagem COBOL, bem como sua utilização e exemplos completos.

Os comandos que serão mostrados são: MOVE, COMPUTE, DISPLAY, IF, EVALUATE, INITIALIZE e PERFORM.

5.1. Comando MOVE

Este comando já foi utilizado nos exemplos do capítulo anterior. Tem a função de movimentar o conteúdo de uma variável para outra variável, mantendo o conteúdo da variável movimentada, ou seja, faz uma cópia de uma variável para outra.

Sintaxe:

```
000001      MOVE AS-VARIAVEL-1 TO AS-VARIAVEL-2
000002      MOVE AS-VARIAVEL-1 TO AS-VARIAVEL-2 AS-VARIAVEL-3
```

Na linha 1, o conteúdo de AS-VARIAVEL-1 é copiado para AS-VARIAVEL-2.

Na linha 2, o conteúdo de AS-VARIAVEL-1 é copiado para AS-VARIAVEL-2 e para AS-VARIAVEL-3.

Em ambos os casos, o conteúdo original de AS-VARIAVEL-1 é mantido.

5.2. Comando IF

Como na maioria das linguagens de programação, o comando IF verifica a condição indicada para selecionar qual é o trecho do programa que será executado. Para encerrar um IF deve-se colocar um END-IF. O comando IF pode ou não ter a opção ELSE que será executada caso a condição do IF seja falsa.

No comando IF podem ser utilizados os operadores relacionais AND, OR e NOT, bem como os operadores de comparação = (igual), >= (maior ou igual), <= (menor ou igual), <> (diferente). É comum também utilizar as palavras em inglês para comparações como EQUAL, GREATER, LESS, NOT EQUAL, NOT GREATER E NOT LESS.

SINTAXE:

```
000001      IF CONDIÇÃO
000002          comando
000003          comando
000004      ELSE
000005          comando
000006          comando
000007      END-IF
```

EXEMPLOS

```
000001 PROCEDURE DIVISION.
000002
000003      IF   AS-VALOR-1 = 0
000004      AND  AS-VALOR-2 > 5
000005           DISPLAY 'VALOR-1 É:' AS-VALOR-1
000006           DISPLAY 'VALOR-2 É:' AS-VALOR-2
000007      ELSE
000008      IF   AS-VALOR-1 < 0
000009      OR   AS-VALOR-2 > 0
000010           DISPLAY 'VALOR-1 É: ' AS-VALOR-1
000011           DISPLAY 'VALOR-2 É: ' AS-VALOR-2
000012      END-IF
000013      END-IF
```

As boas práticas de codificação de programas recomendam que os comandos do IF e do ELSE sejam endentados para melhorar a visualização, bem como o IF, ELSE e END-IF correspondentes estejam alinhados na mesma coluna.

Capítulo 5 - Comandos ◊ 47

O exemplo a seguir é um programa completo que mostra a utilização do comando IF.

```
         1         2         3         4         5         6         7
123456789012345678901234567890123456789012345678901234567890123456789012
000001 ID DIVISION.
000002 PROGRAM-ID. TRE0005.
000003******************************************************************
000004*        SISTEMA . . . . . . . . . . TRE - TREINAMENTO          *
000005*        ANALISTA . . . . . . . . . . JAIME WOJCIECHOWSKI       *
000006*        PROGRAMADOR . . . . . . . . JAIME WOJCIECHOWSKI        *
000007*        DATA . . . . . . . . . . . AGOSTO/2007                 *
000008*        FUNCAO . . . . . . . . . . EXEMPLO DE IF               *
000010******************************************************************
000011 ENVIRONMENT DIVISION.
000012
000013 CONFIGURATION SECTION.
000014 OBJECT-COMPUTER.           IBM-3090.
000015 SPECIAL-NAMES.
000016     DECIMAL-POINT IS COMMA.
000017
000018 DATA DIVISION.
000019 WORKING-STORAGE SECTION.
000020
000021 01 AREAS-DE-SALVAMENTO.
000022    05 AS-DATA                        PIC 9(006) VALUE ZEROS.
000023    05 FILLER REDEFINES AS-DATA.
000024       10 AS-ANO                      PIC 9(002).
000025       10 AS-MES                      PIC 9(002).
000026       10 AS-DIA                      PIC 9(002).
000027
000028 PROCEDURE DIVISION.
000029     ACCEPT AS-DATA FROM DATE
000030
000031     IF AS-DIA < 11
000032        DISPLAY 'PRIMEIRA DEZENA'
000033     END-IF
000034
000035     IF  AS-DIA < 21
000036         AND AS-DIA > 10
000037         DISPLAY 'SEGUNDA DEZENA'
000038     END-IF
000039
000040     IF  AS-DIA > 20
```

48 ◊ Linguagem de Programação COBOL para Mainframe

```
000041           DISPLAY 'TERCEIRA DEZENA'
000042      END-IF
000043
000044      IF AS-DIA = 10
000045      OR AS-DIA = 20
000046      OR AS-DIA = 30
000047           DISPLAY 'FIM DE DEZENA'
000048      END-IF
000049      GOBACK.
```

OBSERVAÇÕES:

• Neste exemplo o primeiro comando do programa é o ACCEPT que busca a data do dia. A maioria das instalações não utiliza mais este comando e codificam rotinas próprias para buscar esta informação.

• O exemplo a seguir é um outro programa completo que mostra a utilização do comando IF encadeados com operadores relacionais e de comparação.

```
         1         2         3         4         5         6         7
1234567890123456789012345678901234567890123456789012345678901234567890123456789012
000001 ID DIVISION.
000002 PROGRAM-ID.  TRE0006.
000003**********************************************************************
000004*          SISTEMA . . . . . . . . . . TRE - TREINAMENTO              *
000005*          ANALISTA. . . . . . . . . . JAIME WOJCIECHOWSKI            *
000006*          PROGRAMADOR . . . . . . . . JAIME WOJCIECHOWSKI            *
000007*          DATA  . . . . . . . . . . . AGOSTO/2007                    *
000008*          FUNCAO  . . . . . . . . . . EXEMPLO DE ALINHAMENTO DE IF*
000009**********************************************************************
000010 ENVIRONMENT DIVISION.
000011 CONFIGURATION SECTION.
000012 OBJECT-COMPUTER.        IBM-3090.
000013 SPECIAL-NAMES.
000014      DECIMAL-POINT IS COMMA.
000015 DATA DIVISION.
000016 WORKING-STORAGE SECTION.
000017 01 AREAS-DE-SALVAMENTO.
000018      05 AS-DATA                  PIC 9(006) VALUE ZEROS.
000019      05 FILLER REDEFINES AS-DATA.
```

Capítulo 5 - Comandos ◊ 49

```
000020           10 AS-ANO                         PIC 9(002).
000021           10 AS-MES                         PIC 9(002).
000022           10 AS-DIA                         PIC 9(002).
000023
000024 PROCEDURE DIVISION.
000025
000026           ACCEPT AS-DATA FROM DATE
000027
000028           IF AS-DIA NOT GREATER 10
000029               DISPLAY 'PRIMEIRA DEZENA'
000030           ELSE
000031               IF  AS-DIA <= 20
000032               AND AS-DIA >  10
000033                   DISPLAY 'SEGUNDA DEZENA'
000034               ELSE
000035                   IF AS-DIA NOT LESS 21
000036                       DISPLAY 'TERCEIRA DEZENA'
000037                   END-IF
000038               END-IF
000039           END-IF
000040
000041           IF AS-DIA = 10 OR 20 OR 30
000042               DISPLAY 'FIM DE DEZENA'
000043           END-IF
000044           GOBACK.
```

5.3. COMANDO EVALUATE

É uma forma mais simplificada de escrever condições sem ter que usar IF´s aninhados. Com o EVALUATE a estrutura fica mais clara e melhora-se o entendimento. O conteúdo da variável selecionará qual o trecho a será executado. Existem duas formas do comando:

Forma 1. Sintaxe:

```
000001      EVALUATE AS-VARIAVEL
000002      WHEN valor 1
000003          comando
000004          comando
000002      WHEN valor 2
000003          comando
000004          comando
000002      WHEN OTHER
000003          comando
000004          comando
000007      END-EVALUATE
```

O comando avalia o conteúdo de AS-VARIAVEL e executa o bloco de comandos conforme o seu valor. Caso nenhum valor colocado nas cláusulas WHEN corresponda ao valor de AS-VARIAVEL, o comando executa o bloco colocado na cláusula WHEN OTHER.

Forma 1. Exemplo:

```
000001      EVALUATE AS-MES
000002      WHEN 1
000003          MOVE 'JANEIRO'      TO AS-NOME-MES
000004      WHEN 2
000005          MOVE 'FEVEREIRO'    TO AS-NOME-MES
000006      WHEN 3
000007          MOVE 'MARCO'        TO AS-NOME-MES
000008      WHEN 4
000009          MOVE 'ABRIL'        TO AS-NOME-MES
000010      WHEN 5
000011          MOVE 'MAIO'         TO AS-NOME-MES
000012      WHEN 6
000013          MOVE 'JUNHO'        TO AS-NOME-MES
000014      WHEN 7
000015          MOVE 'JULHO'        TO AS-NOME-MES
000016      WHEN 8
000017          MOVE 'AGOSTO'       TO AS-NOME-MES
000018      WHEN 9
000019          MOVE 'SETEMBRO'     TO AS-NOME-MES
```

Capítulo 5 - Comandos ◊ 51

```
000020      WHEN 10
000021           MOVE 'OUTUBRO'          TO AS-NOME-MES
000022      WHEN 11
000023           MOVE 'NOVEMBRO'         TO AS-NOME-MES
000024      WHEN 12
000025           MOVE 'DEZEMBRO'         TO AS-NOME-MES
000026      WHEN OTHER
000027           DISPLAY 'MES INVALIDO'
000028      END-EVALUATE
```

FORMA 2. SINTAXE:

```
000001      EVALUATE TRUE
000002      WHEN CONDICAO 1
000003           comando
000004           comando
000002      WHEN CONDICAO 2
000003           comando
000004           comando
000002      WHEN OTHER
000003           comando
000004           comando
000007      END-EVALUATE
```

Nesta forma, o comando executa o bloco de comandos da primeira condição verdadeira avaliada pelo WHEN. Caso nenhum WHEN produza uma condição verdadeira, o bloco colocado na cláusula WHEN OTHER é executado.

Em ambas as formas, a cláusula WHEN OTHER é opcional.

52 ◊ Linguagem de Programação COBOL para Mainframe

FORMA 2. EXEMPLO:

```
000001     EVALUATE TRUE
000002     WHEN AS-SALDO > 0
000003         DISPLAY 'SALDO POSITIVO'
000004
000005     WHEN AS-SALDO < 0
000006     AND  AS-SALDO > AS-LIMITE-NEGATIVO
000007         DISPLAY 'CLIENTE USANDO O LIMITE'
000008
000009     WHEN OTHER
000010         DISPLAY 'CLIENTE COM SALDO NEGATIVO'
000011
000012     END-EVALUATE
```

5.4. COMANDO INITIALIZE

O comando INITIALIZE é usado para inicializar variáveis da working.

SINTAXE:

```
000001     INITIALIZE AS-VARIAVEL
```

O exemplo a seguir é um programa completo que mostra a utilização do comando EVALUATE.

```
         1         2         3         4         5         6         7
1234567890123456789012345678901234567890123456789012345678901234567890123456789012
000001 ID DIVISION.
000002 PROGRAM-ID.  TRE0007.
000003*****************************************************************
000004*    SISTEMA . . . . . . . . . . TRE — TREINAMENTO              *
000005*    ANALISTA. . . . . . . . . . JAIME WOJCIECHOWSKI            *
000006*    PROGRAMADOR . . . . . . . . JAIME WOJCIECHOWSKI            *
000007*    DATA  . . . . . . . . . . . AGOSTO/2007                    *
000008*    FUNCAO  . . . . . . . . . . EXEMPLO DE EVALUATE            *
000009*****************************************************************
```

```
000010 ENVIRONMENT DIVISION.
000011 CONFIGURATION SECTION.
000012 SPECIAL-NAMES.
000013     DECIMAL-POINT IS COMMA.
000014
000015 DATA DIVISION.
000016 WORKING-STORAGE SECTION.
000017
000018 01 AREAS-DE-SALVAMENTO.
000019    05 AS-DATA                        PIC 9(006) VALUE ZEROS.
000020    05 FILLER REDEFINES AS-DATA.
000021       10 AS-ANO                      PIC 9(002).
000022       10 AS-MES                      PIC 9(002).
000023       10 AS-DIA                      PIC 9(002).
000024
000025    05 AS-AREA-TESTE.
000026       10 AS-ANO-ANTERIOR             PIC 9(002).
000027       10 AS-MES-ANTERIOR             PIC 9(002).
000028       10 AS-DIA-ANTERIOR             PIC 9(002).
000029       10 AS-CART-ANTERIOR            PIC 9(002).
000030       10 AS-MOD-ANTERIOR             PIC 9(002).
000031       10 AS-PROD-ANTERIOR            PIC 9(002).
000032
000033
000034 PROCEDURE DIVISION.
000035
000036     MOVE 98 TO       AS-ANO-ANTERIOR
000037     MOVE 10 TO       AS-MES-ANTERIOR
000038     MOVE 22 TO       AS-DIA-ANTERIOR
000039     MOVE 01 TO       AS-CART-ANTERIOR
000040     MOVE 01 TO       AS-MOD-ANTERIOR
000041     MOVE 01 TO       AS-PROD-ANTERIOR
000042
000043     DISPLAY AS-AREA-TESTE
000044
000045     INITIALIZE AS-AREA-TESTE
000046
000047     DISPLAY AS-AREA-TESTE
000048     ACCEPT AS-DATA FROM DATE
000049
000050     EVALUATE TRUE
000051     WHEN AS-DIA <= 10
000052         DISPLAY 'PRIMEIRA DEZENA'
000053
000054     WHEN AS-DIA <= 20
```

```
000055            DISPLAY 'SEGUNDA DEZENA'
000056
000057        WHEN AS-DIA <= 30
000058            DISPLAY 'TERCEIRA DEZENA'
000059
000060        WHEN OTHER
000061            DISPLAY 'DIA MAIOR QUE TRINTA'
000062
000063        END-EVALUATE
000064
000065
000066        EVALUATE AS-DIA.
000067        WHEN 1
000068            DISPLAY 'COMECO DO MES'
000069
000070        WHEN 15
000071            DISPLAY 'MEIO DO MES'
000072
000073        WHEN 30
000074            DISPLAY 'FIM DO MES'
000075
000076        END-EVALUATE
000077
000078
000079        GOBACK.
```

5.5. Comando PERFORM

O comando PERFORM é usado para a execução de uma seqüência de comandos ou uma seção por diversas vezes, até que uma determinada condição seja satisfeita (até que a condição seja verdadeira).

Ao término da seqüência, o fluxo de execução voltará para o comando logo após o finalizador do comando END-PERFORM.

O Perform equivale ao comando WHILE de outras linguagens.

FORMA 1 - SINTAXE PARA EXECUÇÃO DE UM BLOCO DE COMANDOS:

```
000001    PERFORM UNTIL <condição de parada>
000002        comando
000003        comando
000004    END-PERFORM
```

FORMA 1 – EXEMPLO DE UMA EXECUÇÃO ATÉ QUE O CONTEÚDO DA VARIÁVEL AS-NUMERO SEJA MAIOR QUE 50:

```
000001    MOVE 0 TO AS-NUMERO
000002
000003    PERFORM UNTIL AS-NUMERO > 50
000004        COMPUTE AS-NUMERO = AS-NUMERO + 1
000005        DISPLAY AS-NUMERO
000006    END-PERFORM
```

FORMA 2 - SINTAXE PARA EXECUÇÃO DE UM BLOCO DE COMANDOS COM VARIAÇÃO AUTOMÁTICA DE UM VALOR:

```
000001    PERFORM VARYING <variavel>
000002        FROM <valor inicial> BY <passo>
000003        UNTIL <condição de parada>
000002        comando
000003        comando
000004    END-PERFORM
```

Esta forma executa o bloco de comandos variando o valor de <variável> que começou com o valor <valor inicial> e foi incrementada com o valor de <passo> até que <condição de parada> fosse verdadeira.

FORMA 2 – EXEMPLO DE UMA EXECUÇÃO VARIANDO IX-TB QUE INICIOU COM O VALOR 1, FOI INCREMENTADO DE 1 EM 1 ATÉ QUE SEU VALOR SEJA MAIOR QUE 50:

```
000001      PERFORM VARYING IX-TB FROM 1 BY 1
000002          UNTIL IX-TB > 50
000003          comando
000004          comando
000005      END-PERFORM
```

FORMA 3 - SINTAXE PARA CHAMADA DE UMA SECTION DA PROCEDURE DIVISION:

```
000001      PERFORM <nome da section>
```

Esta forma chama uma determinada SECTION que está no corpo da Procedure. Ao final da execução dos comandos da Section, a execução continua a partir do comando Perform.

FORMA 3 – EXEMPLO DE CHAMADA DE UMA SECTION

```
000001 PROCEDURE DIVISION.
000002
000003      PERFORM 1000-INICIALIZA
000004
000005      GOBACK.
000007
000008***********************************************************
000009* ESTA SECTION TEM A FUNCAO DE...                          *
000010***********************************************************
000011 1000-INICIALIZA             SECTION.
000012
000013      Comando
000014
000015      .
000016 1000-INICIALIZA-EXIT.
000017      EXIT.
```

Na linha 3 foi colocado o comando Perform que faz a chamada à SECTION chamada 1000-INICIALIZA.

A SECTION foi definida na seqüência da Procedure da linha 8 à linha 17, sendo que nas linhas 8, 9 e 10 foram colocadas 3 linhas de comentário com o objetivo de documentar as funções desta Section.

As linhas 16 e 17 têm a finalidade de indicar o final da SECTION.

Ao final de sua execução o fluxo retorna ao ponto que chamou a SECTION.

EXERCÍCIO RESOLVIDO

PROGRAMA TRE0008 - Construir um algoritmo para calcular e imprimir a soma dos 50 primeiros números naturais e a média desses números.

```
         1         2         3         4         5         6         7
123456789012345678901234567890123456789012345678901234567890123456789012
000001 ID DIVISION.
000002 PROGRAM-ID. TRE0008.
000003****************************************************************
000004*         SISTEMA . . . . . . . . . . TRE - TREINAMENTO        *
000005*         ANALISTA. . . . . . . . . . JAIME WOJCIECHOWSKI      *
000006*         PROGRAMADOR . . . . . . . . JAIME WOJCIECHOWSKI      *
000007*         DATA  . . . . . . . . . . . AGOSTO/2007              *
000008*         FUNCAO  . . . . . . . . . . EXERCICIO RESOLVIDO      *
000009****************************************************************
000010 ENVIRONMENT DIVISION.
000011 CONFIGURATION SECTION.
000012 SPECIAL-NAMES.
000013      DECIMAL-POINT IS COMMA.
000014
000015 DATA DIVISION.
000016 WORKING-STORAGE SECTION.
000017
000018 01 AREAS-DE-SALVAMENTO.
000019    05 AS-CONTADOR          PIC 9(002)     VALUE ZEROS.
```

```
000020      05 AS-SOMA              PIC 9(006)     VALUE ZEROS.
000021      05 AS-MEDIA             PIC 9(006)V99  VALUE ZEROS.
000022      05 AS-SOMA-EDIT         PIC ZZZZZ9     VALUE ZEROS.
000023      05 AS-MEDIA-EDIT        PIC ZZZZZ9,99  VALUE ZEROS.
000024
000025  PROCEDURE DIVISION.
000026
000027      PERFORM VARYING AS-CONTADOR FROM 1 BY 1
000028          UNTIL AS-CONTADOR > 50
000029
000030          COMPUTE AS-SOMA = AS-SOMA + AS-CONTADOR
000031
000032      END-PERFORM
000033
000034      COMPUTE AS-MEDIA = AS-SOMA / 50
000035
000036      MOVE AS-SOMA  TO AS-SOMA-EDIT
000037      MOVE AS-MEDIA TO AS-MEDIA-EDIT
000038
000039      DISPLAY 'SOMA  = ' AS-SOMA-EDIT
000040      DISPLAY 'MEDIA = ' AS-MEDIA-EDIT
000041
000042      GOBACK.
```

EXERCÍCIOS PROPOSTOS

PROGRAMA TRE0009 - Fazer um algoritmo que permita imprimir dos quadrados e cubos dos 100 primeiros números naturais. Imprimir o seguinte cabeçalho: NUM   QUADRADO   CUBO.

PROGRAMA TRE0010 - Construir um algoritmo para calcular o Fatorial de um número N inicializado na working, onde N>0.

PROGRAMA TRE0011 - Crie um algoritmo que some os 150 primeiros números ímpares.

PROGRAMA TRE0012 - Construir um algoritmo para calcular e imprimir os números primos de 1 a 1000, inclusive.

Capítulo 6

Tabela

Em todas as linguagens de programação existe o conceito de Tabela, também chamada de Array, Lista, Vector, etc. Na linguagem COBOL usaremos o termo Tabela.

Uma Tabela é um conjunto de variáveis com a mesma característica que podem ser referenciadas por um único nome indicando somente a sua posição.

Suponha que tenhamos que armazenar o número de 2000 agências de um determinado banco. Seria inviável definir 2000 variáveis na Working. Neste caso definimos somente uma vez e informamos que esta variável se repete 2000 vezes. Ao se utilizar a variável, usamos o seu nome e dizemos qual dos 2000 números de agência desejamos. Para informar esta repetição usamos a cláusula OCCURS.

6.1. Cláusula OCCURS

Define a quantidade de ocorrências de uma determinada variável. Uma variável com esta cláusula é chamada de Tabela.

Exemplo 1 - Definição de tabela, variável item elementar:

```
000001 WORKING-STORAGE SECTION.
000002
000003 01  TABELAS.
000004
000005     05  TB-NUM-AGENCIA      PIC 9(005) OCCURS 2000.
```

Por padrão, para variáveis com Occurs (tabelas) utiliza-se o prefixo TB- ao invés de AS-.

A representação desta variável em memória ficaria assim:

Ocorrência 1	Ocorrência 2	...	Ocorrência 2000
TB-NUM-AGE	TB-NUM-AGE		TB-NUM-AGE

EXEMPLO 2 - DEFINIÇÃO DE TABELA, VARIÁVEL ITEM DE GRUPO:

```
000001  WORKING-STORAGE SECTION.
000002
000003  01  TABELAS.
000004
000005      05  TB-AGENCIA           OCCURS 2000.
000006          10  TB-NUM-AGE       PIC 9(005).
000007          10  TB-NOME-AGE      PIC X(050).
```

Neste exemplo, como o OCCURS foi colocado no Item de Grupo TB-AGENCIA, ele vale para todas as variáveis subordinadas, no caso, TB-NUM-AGENCIA e TB-NOME-AGENCIA. Temos, assim, que o grupo TB-AGENCIA se repete 2000 vezes.

A representação desta variável em memória ficaria assim:

OCORRÊNCIA 1		OCORRÊNCIA 2		...	OCORRÊNCIA 2000	
TB-NUM-AGE	TB-NOME-AGE	TB-NUM-AGE	TB-NOME-AGE		TB-NUM-AGE	TB-NOME-AGE

A referência a Tabelas na Procedure Division deve ser feita com a colocação da ocorrência entre parêntesis. Assim, usando as variáveis do exemplo poderíamos fazer:

```
000001  PROCEDURE DIVISION.
000002
000003      MOVE 712                           TO  TB-NUM-AGE(1)
000004      MOVE 'AGENCIA XV DE NOVEMBRO'      TO  TB-NOME-AGE(1)
000005
000006      MOVE 10                            TO  TB-NUM-AGE(2)
000007      MOVE 'AGENCIA MARECHAL DEODORO'    TO  TB-NOME-AGE(2)
```

As ocorrências colocadas nos parêntesis são comumente chamadas de indexadores da tabela. Eles podem ser números fixos como no exemplo ou variáveis. Neste caso, as variáveis utilizadas como indexadores de tabela têm como prefixo IX-.

. EXEMPLO – Apresentação de todo o conteúdo de uma tabela.

```
.
.
.
000020 DATA DIVISION.
000021
000022 WORKING-STORAGE SECTION.
000023
000024 01 INDEXADORES.
000025
000026    05 IX-AGE           PIC 9(003) VALUE ZEROS.
000027
000028 01 TABELAS.
000029
000030    05 TB-AGENCIA       OCCURS 2000.
000031       10 TB-NUM-AGE    PIC 9(005).
000032       10 TB-NOME-AGE   PIC X(050).
000033
000034 PROCEDURE DIVISION.
000035
000036      .
000037      .
000038      INITIALIZE TB-AGENCIA
000039
000040      MOVE 712                          TO TB-NUM-AGE(1)
000041      MOVE 'AGENCIA XV DE NOVEMBRO'     TO TB-NOME-AGE(1)
000042
000043      MOVE 10                           TO TB-NUM-AGE(2)
000044      MOVE 'AGENCIA MARECHAL DEODORO'   TO TB-NOME-AGE(2)
000045
000046      PERFORM VARYING IX-AGE FROM 1 BY 1
000047           UNTIL IX-AGE            > 2000
000048             OR TB-NUM-AGE(IX-AGE) = 0
000047
000048         DISPLAY TB-NUM-AGE (IX-AGE)
000049         DISPLAY TB-NOME-AGE(IX-AGE)
000050
000051      END-PERFORM
000052
000053      GOBACK.
```

OBSERVAÇÃO: As tabelas não podem ser incializadas através da cláusula VALUE. Deve ser usado o comando INITIALIZE na Procedure para esse fim. Nesse exemplo, somente as duas primeiras ocorrências seriam apresentadas.

6.2. INICIALIZAÇÃO DE TABELAS NA WORKING

É possível inicializar uma tabela na Working com valores que se deseja. Como a cláusula VALUE não é permitida, podemos utilizar a cláusula REDEFINES definindo uma lista de variáveis simples (sem Occurs) sem nome, mas inicializando com VALUE e redefinindo esta lista como sendo uma Tabela. Veja o exemplo:

EXEMPLO – Definição de uma tabela com os nomes dos feriados do ano:

```
000001 WORKING-STORAGE SECTION.
000002
000003 01 TABELAS.
000004    05 AS-NOME-FERIADOS.
000005       10 FILLER           PIC X(010) VALUE 'ANO NOVO'.
000006       10 FILLER           PIC X(010) VALUE 'CARNAVAL'.
000007       10 FILLER           PIC X(010) VALUE 'PASCOA'.
000008       10 FILLER           PIC X(010) VALUE 'PATRIA'.
000009       10 FILLER           PIC X(010) VALUE 'NATAL'.
000010    05 FILLER REDEFINES    AS-NOME-FERIADOS.
000011       10 TB-NOME-FERIADOS PIC X(010) OCCURS 5.
```

Na linha 4 foi definido um item de grupo chamado AS-NOME-FERIADOS e em seguida 5 itens elementares sem nome (FILLER), com a mesma característica e tamanho de X (010) e cada um contendo um nome de feriado.

Em seguida, na linha 10, este item de grupo foi redefinido com um único nome (TB-NOME-FERIADOS), com a mesma característica das variáveis e com OCCURS 5.

Capítulo 6 - Tabela ◊ 65

É desta maneira que se inicializa uma tabela com valores fixos na working.

Exemplo completo de um programa que manipula tabela inicializada na working:

```
         1         2         3         4         5         6         7
1234567890123456789012345678901234567890123456789012345678901234567890123456789012
000001 ID DIVISION.
000002 PROGRAM-ID. TRE0013.
000003******************************************************************
000004*        SISTEMA . . . . . . . . . . TRE - TREINAMENTO            *
000005*        ANALISTA. . . . . . . . . . JAIME WOJCIECHOWSKI          *
000006*        PROGRAMADOR . . . . . . . . JAIME WOJCIECHOWSKI          *
000007*        DATA  . . . . . . . . . . . AGOSTO/2007                  *
000008*        FUNCAO  . . . . . . . . . . EXEMPLO DE TABELA COM REDEF  *
000009******************************************************************
000010 ENVIRONMENT DIVISION.
000011
000012 CONFIGURATION SECTION.
000013
000014 SPECIAL-NAMES.
000015     DECIMAL-POINT IS COMMA.
000016
000017 DATA DIVISION.
000018
000019 WORKING-STORAGE SECTION.
000020
000021 01  AREAS-DE-SALVAMENTO.
000022     05 AS-DATA                   PIC 9(006) VALUE ZEROS.
000023     05 FILLER        REDEFINES AS-DATA.
000024        10 AS-ANO                 PIC 9(002).
000025        10 AS-MES                 PIC 9(002).
000026        10 AS-DIA                 PIC 9(002).
000027
000028 01  TABELA-MESES.
000029     05 AS-NOM-MESES.
000030        10 FILLER                 PIC X(009) VALUE 'JANEIRO'.
000031        10 FILLER                 PIC X(009) VALUE 'FEVEREIRO'.
000032        10 FILLER                 PIC X(009) VALUE 'MARCO'.
000033        10 FILLER                 PIC X(009) VALUE 'ABRIL'.
000034        10 FILLER                 PIC X(009) VALUE 'MAIO'.
000035        10 FILLER                 PIC X(009) VALUE 'JUNHO'.
000036        10 FILLER                 PIC X(009) VALUE 'JULHO'.
000037        10 FILLER                 PIC X(009) VALUE 'AGOSTO'.
```

```
000038          10 FILLER               PIC X(009) VALUE 'SETEMBRO'.
000039          10 FILLER               PIC X(009) VALUE 'OUTUBRO'.
000040          10 FILLER               PIC X(009) VALUE 'NOVEMBRO'.
000041          10 FILLER               PIC X(009) VALUE 'DEZEMBRO'.
000042       05 FILLER           REDEFINES AS-NOM-MESES.
000043          10 TB-NOM-MES           PIC X(009) OCCURS 12.
000044
000045 PROCEDURE DIVISION.
000046
000047     ACCEPT AS-DATA FROM DATE
000048
000049     DISPLAY TB-NOM-MES (AS-MES)
000050
000051     GOBACK.
```

Se estivermos no mês 8, o resultado do comando DISPLAY será 'AGOSTO'.

Exercício Resolvido

Programa TRE0014 – Dados 10 valores inteiros e positivos numa tabela inicializada na working, determinar a soma desses números.

```
          1         2         3         4         5         6         7
1234567890123456789012345678901234567890123456789012345678901234567890112
000001 ID DIVISION.
000002 PROGRAM-ID. TRE0014.
000003**********************************************************************
000004*        SISTEMA . . . . . . . . . . TRE - TREINAMENTO              *
000005*        ANALISTA . . . . . . . . . . JAIME WOJCIECHOWSKI           *
000006*        PROGRAMADOR . . . . . . . . JAIME WOJCIECHOWSKI            *
000007*        DATA . . . . . . . . . . . . AGOSTO/2007                   *
000008*        FUNCAO . . . . . . . . . . . EXERCICIO RESOLVIDO           *
000009**********************************************************************
000010 ENVIRONMENT DIVISION.
000011 CONFIGURATION SECTION.
000012 SPECIAL-NAMES.
000013     DECIMAL-POINT IS COMMA.
000014
000015 DATA DIVISION.
000016 WORKING-STORAGE SECTION.
```

Capítulo 6 - Tabela ◊ 67

```
000017
000018  01  AREAS-DE-SALVAMENTO.
000019      05  AS-SOMA            PIC 9(006)    VALUE ZEROS.
000020      05  AS-SOMA-EDIT       PIC ZZZZZ9    VALUE ZEROS.
000021
000022  01  TABELAS.
000023      05  AS-NUMEROS.
000024          10  FILLER         PIC 9(003)    VALUE 512.
000025          10  FILLER         PIC 9(003)    VALUE 490.
000026          10  FILLER         PIC 9(003)    VALUE 111.
000027          10  FILLER         PIC 9(003)    VALUE 579.
000028          10  FILLER         PIC 9(003)    VALUE 5.
000029          10  FILLER         PIC 9(003)    VALUE 37.
000030          10  FILLER         PIC 9(003)    VALUE 239.
000031          10  FILLER         PIC 9(003)    VALUE 457.
000032          10  FILLER         PIC 9(003)    VALUE 21.
000033          10  FILLER         PIC 9(003)    VALUE 730.
000034      05  FILLER REDEFINES   AS-NUMEROS.
000035          10  TB-NUMEROS     PIC 9(003)    OCCURS 10.
000036
000037  01  INDICES-DE-TABELAS.
000038      05  IX-NUM             PIC S9(004) COMP VALUE ZEROS.
000039
000040  PROCEDURE DIVISION.
000041
000042      PERFORM VARYING IX-NUM FROM 1 BY 1
000043         UNTIL IX-NUM > 10
000044
000045         COMPUTE AS-SOMA = AS-SOMA + TB-NUMEROS(IX-NUM)
000046
000047      END-PERFORM
000048
000049      MOVE AS-SOMA  TO AS-SOMA-EDIT
000050
000051      DISPLAY 'SOMA = ' AS-SOMA-EDIT
000052
000053      GOBACK.
```

EXERCÍCIO PROPOSTO

PROGRAMA TRE0015 – Dados 10 valores inteiros e positivos numa tabela inicializada na working, determinar qual o menor valor da tabela.

CAPÍTULO 7

PROGRAMA
ESTRUTURADO

Segundo as boas práticas de programação um programa deve ser estruturado em partes em que cada parte realize uma determinada função. Para isso, organiza-se a Procedure Division dividindo essas funções em SECTIONS.

7.1. Divisão da Procedure Division em Sections

Será mostrada uma proposta de estruturação que padroniza o nome das SECTIONS com o objetivo de facilitar o manuseio de programas com grande quantidade de linhas de programação.

O nome da SECTION deve ter o nome prefixado por um número seqüencial indicando o nível do módulo na estrutura. O programa deve iniciar chamando Sections de números 1000-, 2000-, 3000-, etc. Normalmente o programa chama três Sections:

```
1000-INICIALIZA
2000-PROCESSA
3000-FINALIZA
9000-CANCELA
```

Na Section 1000-INCIALIZA devem ser colocados os comandos que devem ser executados no início da execução do programa e uma única vez.

Na Section 2000-PROCESSA vai o processamento central do programa, ou seja, a função essencial do programa.

Na Section 3000-FINALIZA vão os comandos que devem ser executados no final do programa e também uma única vez.

Na Section 9000-CANCELA vão os comandos que devem ser emitidos no caso de qualquer problema ocorrido na execução fazendo com que o programa tenha que parar a execução de emitir mensagens de erro.

A partir destas Sections básicas, as chamadas a outras Sections devem obedecer a uma seqüência de níveis. Para cada chamada, acrescenta-se uma unidade na primeira posição com zero. Por exemplo, se a Section 2000-PROCESSA chamar uma outra Section que tem a função de calcular um determinado valor, o número desta Section deve ser 2100-, ou seja, na posição do primeiro zero (no lado esquerdo) foi colocado o número 1, indicando que esta é a primeira Section chamada pelo parágrafo 2000-. O nome completo desta Section poderia ser 2100-CALCULA-VALOR. Do mesmo modo, se mais uma Section for chamada da Section 2000-, por exemplo, para imprimir o valor, teria o número 2200- e poderia se chamar 2200-IMPRIME-VALOR, e assim, sucessivamente.

Esta descida e níveis continuariam seguindo esta regra, então, se a Section 2100-CALCULA-VALOR chamasse uma outra Section, seu número seria 2110-.

Este padrão tem como finalidade ajudar a manutenção de grandes programas. É comum a chamada de muitas Sections e, geralmente é difícil controlar o fluxo de execução. Desta maneira, para se saber qual Section chamou uma que se está analisando, basta substituir o último número por zero que se tem o número da Section que chamou.

Para Sections comuns que são chamadas por mais de uma Section, utiliza-se o padrão de se iniciar com o número 9, assim, as Sections comuns seriam 9100-, 9200-, etc.

É comum incluir uma linha de comentários antes de cada Section, isso facilita o trabalho de outras pessoas que irão alterar seu programa.

Não se deve utilizar pontos no corpo de uma Section, somente na última linha e na coluna 12, indicando o fim da Section.

Exemplo de um Programa Estruturado. Este corpo deve ser utilizado para a confecção de novos programas.

Capítulo 7 - Programa Estruturado ◊ 73

```
           1         2         3         4         5         6         7
  123456789012345678901234567890123456789012345678901234567890123456789012
  000001 ID DIVISION.
  000002 PROGRAM-ID. TRE0016.
  000003*******************************************************************
  000004*         SISTEMA . . . . . . . . . . TRE - TREINAMENTO         *
  000005*         ANALISTA . . . . . . . . . . JAIME WOJCIECHOWSKI      *
  000006*         PROGRAMADOR . . . . . . . .  JAIME WOJCIECHOWSKI      *
  000007*         DATA  . . . . . . . . . . .  AGOSTO/2007              *
  000008*         FUNCAO  . . . . . . . . . .  EXEMPLO DE PROGRAMA      *
  000009*                                      ESTRUTURADO              *
  000010*******************************************************************
  000011 ENVIRONMENT DIVISION.
  000012 CONFIGURATION SECTION.
  000013
  000014 SPECIAL-NAMES.
  000015     DECIMAL-POINT IS COMMA.
  000016
  000017 DATA DIVISION.
  000018
  000019 WORKING-STORAGE SECTION.
  000020
  000021 01 AREAS-DE-SALVAMENTO.
  000022     05 AS-DATA              PIC 9(006) VALUE ZEROS.
  000023     05 FILLER       REDEFINES AS-DATA.
  000024        10 AS-ANO            PIC 9(002).
  000025        10 AS-MES            PIC 9(002).
  000026        10 AS-DIA            PIC 9(002).
  000027
  000028 PROCEDURE DIVISION.
  000029
  000030     PERFORM 1000-INICIALIZA
  000031
  000032     PERFORM 2000-PROCESSA
  000033
  000034     PERFORM 3000-FINALIZA
  000035
  000036     GOBACK.
  000037
  000038*******************************************************************
  000039*         I  N  I  C  I  A  L  I  Z  A                           *
  000040*******************************************************************
  000041 1000-INICIALIZA            SECTION.
  000042
```

```
000043      ACCEPT AS-DATA FROM DATE
000044          .
000045 1000-INICIALIZA-EXIT.
000046      EXIT.
000047
000048***********************************************************
000049*            P R O C E S S A                               *
000050***********************************************************
000051 2000-PROCESSA                SECTION.
000052
000053      DISPLAY AS-DATA
000054
000055      PERFORM 2100-BUSCA-DADOS
000056
000057      PERFORM 2200-IMPRIME-DADOS
000058          .
000059 2000-PROCESSA-EXIT.
000060      EXIT.
000061***********************************************************
000062*            LE OS DADOS DO DB                             *
000063***********************************************************
000064 2100-BUSCA-DADOS             SECTION.
000065
000066      Comandos
000067          .
000068 2100-BUSCA-DADOS-EXIT.
000069      EXIT.
000070***********************************************************
000071*            IMPRIME DADOS                                 *
000072***********************************************************
000073 2200-IMPRIME-DADOS           SECTION.
000074
000075      Comandos
000076          .
000077 2200-IMPRIME-DADOS-EXIT.
000078      EXIT.
000079***********************************************************
000080*            F I N A L I Z A                               *
000081***********************************************************
000082 3000-FINALIZA                SECTION.
000083
000084      DISPLAY 'TERMINO NORMAL'
000085          .
000086 3000-FINALIZA-EXIT.
```

```
000087      EXIT.
000088**********************************************************
000089*                 CANCELA                                 *
000090**********************************************************
000091   9000-CANCELA                   SECTION.
000092
000093      DISPLAY 'TERMINO ANORMAL'
000094         .
000095   9000-CANCELA-EXIT.
000096      EXIT.
```

7.2. SUB-ROTINA

Vimos a estruturação de um programa COBOL em Sections. Porém, como um sistema é composto por várias funcionalidades, teremos que construir diversos programas COBOL para realizar todas as funções necessárias. É comum, então, que um programa solicite a execução de outro programa.

Uma sub-rotina é um programa COBOL que pode ser chamado de outro programa COBOL. Qualquer programa pode receber a denominação de SUB-ROTINA, mas este termo é usado quando o programa é chamado por outro.

Geralmente uma sub-rotina executa uma função específica para algum outro programa e, em vez dos comandos ficarem no programa principal, o que aumentaria muito o tamanho do programa, faz-se um outro programa que é chamado deste principal.

A chamada a uma sub-rotina é feita através do comando CALL que pode ou não enviar/receber parâmetros:

SINTAXE:

```
000001      CALL <nome da sub-rotina> USING <área de parâmetros>
```

Caso o programa principal necessite passar parâmetros para a sub-rotina, estes parâmetros são passados pela cláusula USING <área de parâmetros> e esta área deve ser um Item Elementar ou Item de Grupo definido na Working.

EXEMPLO 1 - CHAMADA DE SUB-ROTINA

```
000001 WORKING STORAGE-SECTION.
000002
000003 01  AREAS-DE-SALVAMENTO.
000004
000005     05 TREW001.
000006        10 TREW001-PARAM-ENTRADA.
000007           15 TREW001-NUM-AGENCIA  PIC 9(005)   VALUE ZEROS.
000008           15 TREW001-NUM-CONTA    PIC 9(007)   VALUE ZEROS.
000009        10 TREW001-PARAM-SAIDA.
000010           15 TREW001-COD-RETORNO  PIC X(002)   VALUE SPACES.
000011
000012     05 TRES001                    PIC X(008)   VALUE 'TRES001'.
000013
000014 PROCEDURE DIVISION.
000015
000016     MOVE 10         TO    TREW001-NUM-AGENCIA
000017     MOVE 2194936    TO    TREW001-NUM-CONTA
000018
000019     CALL TRES001    USING TREW001
000020
000021     DISPLAY 'RETORNO DA SUB-ROTINA TRES001 ' TREW001-COD-RETORNO
```

Neste exemplo foi chamada a sub-rotina TRES001. Note que foi definida uma área na working com o mesmo nome da sub-rotina cujo conteúdo também é o seu nome. É esta área que é usada no comando CALL. Este procedimento é necessário para que o comando CALL sempre execute a versão mais atualizada da sub-rotina.

Foram passadas 3 áreas como parâmetros, sendo que as duas primeiras (TREW001-NUM-AGENCIA e TREW001-NUM-CONTA) serão usadas como parâmetros de entrada pela sub-rotina, e TREW001-COD-RETORNO como parâmetro de saída (retorno para o programa chamador).

Capítulo 7 - Programa Estruturado ◊ 77

EXEMPLO 2 – CHAMADA DE SUB-ROTINA QUE SOMA UMA QUANTIDADE DE
DIAS ÚTEIS A UMA DETERMINADA DATA

```
000001 WORKING STORAGE-SECTION.
000002
000003 01  AREAS-DE-SALVAMENTO.
000004
000005     05 COMW001-DATA-INI      PIC  9(008) VALUE ZEROS.
000006     05 COMW001-DATA-FIM      PIC  9(008) VALUE ZEROS.
000007     05 COMW001-QTD-DIAS-UTEIS PIC 9(005) VALUE ZEROS.
000008     05 COMW001-COD-RETORNO   PIC  X(001) VALUE ZEROS.
000009
000010     05 COMS001               PIC  X(008) VALUE 'COMS001'.
000011
000012 PROCEDURE DIVISION.
000013
000014     MOVE 05122005  TO  COMW001-DATA-INI
000015     MOVE 6         TO  COMW001-QTD-DIAS-UTEIS
000016
000017     CALL COMS001 USING COMW001-DATA-INI
000018                        COMW001-DATA-FIM
000019                        COMW001-QTD-DIAS-UTEIS
000020                        COMW001-COD-RETORNO
000021
000022     IF COMW001-COD-RETORNO EQUAL SPACES
000023        DISPLAY 'DATA CALCULADA ' COMW001-DATA-FIM
000024     END-IF
```

O parâmetro COMW001-DATA-INI deve conter uma data no formato DDMMAAAA. O parâmetro COMW001-QTD-DIAS-UTEIS deve conter a quantidade de dias que se deseja somar à Data Inicial. No parâmetro COMW001-DATA-FIM será retornada a data calculada pela sub-rotina através da soma de COMW001-DATA-INI e COMW001-QTD-DIAS-UTEIS.

Neste exemplo a data calculada seria 13/12/2005 que são seis dias úteis a partir de 05/12/2005.

CAPÍTULO 8

ARQUIVOS

O ambiente de programação no Mainframe utiliza a manipulação de arquivos para armazenar dados e trocar informações entre sistemas e instituições. A grande maioria das informações de uma instalação é armazenada em Bancos de Dados em vez de arquivos, porém, antes do surgimento dos bancos de dados, existiam somente estruturas de arquivos. Até hoje elas são utilizados para diversos fins como troca de informações entre os vários sistemas da empresa, troca de informação entre as empresas (transmissão de arquivos) e mesmo para aumento de performance no processamento já que o acesso a arquivos é mais rápido que o acesso ao Banco de Dados.

Fazendo um comparativo com a baixa plataforma, um arquivo seria como um texto no bloco de notas (.txt). As informações ali armazenadas carecem de formatação, são textos escritos que, no momento da sua utilização precisam ser mapeados para se saber exatamente as posições que se encontram as informações. .

Neste livro iremos trabalhar somente com arquivos do tipo Seqüencial. Outros tipos de arquivos que existem no ambiente (por ex. Arquivos VSAM) não serão tratados.

Para um programa COBOL manipular arquivos, algumas cláusulas serão colocadas no programa com o objetivo de identificar o arquivo (nomear) e mapear o seu conteúdo.

8.1 CLÁUSULAS PARA DESCREVER UM ARQUIVO

INPUT-OUTPUT SECTION

Section da Environment Division que é utilizada para fornecer informações sobre os dispositivos que serão usados em cada arquivo encontrado no programa, fazendo a ligação do nome lógico do arquivo com o dispositivo físico do mesmo.

FILE-CONTROL

Cláusula da INPUT-OUTPUT SECTION que realiza o controle de arquivos a serem utilizados no programa. Nesta cláusula são relacionados todos os arquivos que o programa irá utilizar.

SELECT

Faz a ligação do nome interno do arquivo com o nome externo a ser usado. Para cada arquivo a ser especificado na SELECT deve-se descrever em um parágrafo FD ou SD na FILE SECTION da DATA DIVISION.

FILE STATUS

Área onde será armazenada a informação do retorno da operação realizada no arquivo (leitura, gravação).

FILE SECTION

É uma Section da DATA DIVISION onde se descrevem todos os registros encontrados no arquivo a ser usado pelo programa, relacionado na INPUT-OUTPUT SECTION.

FD (FILE DESCRIPTION)

Cláusula da File Section utilizada para mapear o registro do arquivo, nomeando os seus campos. Deve-se fazer uma FD para cada arquivo que o programa irá utilizar.

O exemplo a seguir mostra toda a estrutura da Environment Division e Data Division para programas que manipulam arquivos.

Capítulo 8 - Arquivos ◊ 83

```
000010 ENVIRONMENT DIVISION.
000011
000012 CONFIGURATION SECTION.
000013
000014 SPECIAL-NAMES.
000015     DECIMAL-POINT IS COMMA.
000016
000017 INPUT-OUTPUT SECTION.
000018
000019 FILE-CONTROL.
000020
000021     SELECT ITREF001
000022              ASSIGN          ITREF001
000023              FILE STATUS     AS-STATUS-F001.
000024
000025 DATA DIVISION.
000026
000027 FILE SECTION.
000028
000029 FD  ITREF001.
000030     RECORD    45.
000031
000032 01  REG-ITREF001
000033     05 F001-MATRICULA    PIC 9(005).
000034     05 F001-NOME         PIC X(040).
000035
000036 WORKING-STORAGE SECTION.
000037
000038 01 AREAS-DE-SALVAMENTO.
000039
000040    05 AS-STATUS-F001     PIC 9(002).
```

Neste exemplo, na linha 21 foi relacionado o arquivo ITREF001 através da cláusula SELECT. Nesta cláusula, na linha 23 foi especificado qual área de salvamento (que foi definida na working na linha 40) será utilizada para armazenar o resultado de todas as operações feitas no arquivo (leitura, gravação, etc).

8.2 Comandos para Manipular Arquivos

OPEN

Utilizado para Abrir um Arquivo Seqüencial. Pode ser:

OPEN INPUT – Abre um arquivo para leitura (entrada)

OPEN OUTPUT – Abre um arquivo para gravação (saída)

SINTAXE:

```
000001      OPEN <opção de abertura> <nome do arquivo>
```

EXEMPLO:

```
000001      OPEN INPUT <nome do arquivo>
```

CLOSE

Utilizado para Fechar um Arquivo Seqüencial.

SINTAXE:

```
000001      CLOSE <nome do arquivo>
```

READ

Utilizado para Ler um Arquivo Seqüencial (o arquivo deve ter sido aberto com OPEN INPUT). Cada comando READ lê um registro do arquivo. Ou seja, para ler todos os registros de um arquivo, deve-se montar uma estrutura de repetição através do comando PERFORM. Ao chegar ao fim do arquivo, o comando READ recebe um código de retorno igual a 10.

Sintaxe:

```
000001    READ <nome do arquivo>
```

WRITE

Utilizado para Gravar um registro num Arquivo Seqüencial (o arquivo deve ter sido aberto com OPEN OUTPUT).

Sintaxe:

```
000001    WRITE <registro>
```

Obs.: O comando WRITE deve ser dado no Registro definido na FD e não no nome do arquivo.

8.3 Status de Retorno de Operações em Arquivos

Para toda operação em um arquivo seqüencial (open, close, read, write), deve-se testar se o seu retorno teve sucesso.

A tabela a seguir mostra os principais códigos de retorno de uma operação em um arquivo seqüencial.

00	Operação completada com sucesso
04	Operação completada com sucesso, porém indica que foi feito acesso a um registro de tamanho maior ou menor que o definido na FD
10	Final de arquivo
35	Tentativa de OPEN INPUT em arquivo inexistente
37	O OPEN está em desacordo com o arquivo

39	Tentativa de OPEN em arquivo cujos atributos diferem dos definidos no programa (Organization, Access, Record, etc.)
41	Tentativa de abrir um arquivo aberto
42	Tentativa de fechar um arquivo fechado
46	Tentativa de READ após final do arquivo
47	Tentativa de READ em arquivo não aberto como INPUT
48	Tentativa de WRITE em arquivo não aberto como OUTPUT
90	Este status causa o ABEND no programa

A seguir é apresentado um programa completo que faz a leitura de um arquivo seqüencial e apresenta o conteúdo de seus campos. Observe que este programa mostra como deve ser a estrutura para que todo o arquivo seja lido (estrutura de repetição do READ) e a maneira de se mostrar o resultado das operações no arquivo.

```
          1         2         3         4         5         6         7
 123456789012345678901234567890123456789012345678901234567890123456789012
 000001 ID DIVISION.
 000002 PROGRAM-ID.  TRE0017.
 000003***********************************************************
 000004*      SISTEMA . . . . . . . . . TRE - TREINAMENTO         *
 000005*      ANALISTA . . . . . . . . . JAIME WOJCIECHOWSKI      *
 000006*      PROGRAMADOR . . . . . . . JAIME WOJCIECHOWSKI       *
 000007*      DATA . . . . . . . . . . AGOSTO/2007                *
 000008*      FUNCAO . . . . . . . . . EXEMPLO DE ARQUIVO         *
 000009***********************************************************
 000010 ENVIRONMENT DIVISION.
 000011
 000012 CONFIGURATION SECTION.
 000013
 000014 SPECIAL-NAMES.
 000015     DECIMAL-POINT IS COMMA.
 000016
 000017 INPUT-OUTPUT SECTION.
 000018
 000019 FILE-CONTROL.
 000020
 000021     SELECT ITREF001
 000022         ASSIGN              ITREF001
 000023         FILE STATUS         AS-STATUS-F001.
```

```
000024
000025 DATA DIVISION.
000026
000027 FILE SECTION.
000028
000029 FD    ITREF001
000030       RECORD    45.
000031
000032 01 REG-ITREF001.
000033    05 F001-MATRICULA              PIC 9(005).
000034    05 F001-NOME                   PIC X(040).
000035
000036 WORKING-STORAGE SECTION.
000037
000038 01 AREAS-DE-SALVAMENTO.
000039    05 AS-DATA                     PIC 9(006) VALUE ZEROS.
000040    05 FILLER REDEFINES AS-DATA.
000041       10 AS-ANO                   PIC 9(002).
000042       10 AS-MES                   PIC 9(002).
000043       10 AS-DIA                   PIC 9(002).
000044
000045    05 AS-STATUS-F001              PIC 9(002).
000046
000047 01 MSG-ERRO-OPEN.
000048    05 FILLER                      PIC X(028) VALUE
000049       'ERRO NA ABERTURA DO ARQUIVO'.
000050    05 MSG-ERRO-OPEN-ARQUIVO       PIC X(008) VALUE SPACES.
000051    05 FILLER                      PIC X(011) VALUE
000052       'COM STATUS '.
000053    05 MSG-ERRO-OPEN-STATUS        PIC 9(002) VALUE ZEROS.
000054
000055 01 MSG-ERRO-READ.
000056    05 FILLER                      PIC X(027) VALUE
000057       'ERRO NA LEITURA DO ARQUIVO'.
000058    05 MSG-ERRO-READ-ARQUIVO       PIC X(008) VALUE SPACES.
000059    05 FILLER                      PIC X(011) VALUE
000060       'COM STATUS '.
000061    05 MSG-ERRO-READ-STATUS        PIC 9(002) VALUE ZEROS.
000062
000063 01 MSG-ERRO-CLOSE.
000064    05 FILLER                      PIC X(030) VALUE
000065       'ERRO NO FECHAMENTO DO ARQUIVO'.
000066    05 MSG-ERRO-CLOSE-ARQUIVO      PIC X(008) VALUE SPACES.
000067    05 FILLER                      PIC X(011) VALUE
000068       'COM STATUS '.
```

```
000069          05  MSG-ERRO-CLOSE-STATUS    PIC 9(002)  VALUE ZEROS.
000070
000071
000072 PROCEDURE DIVISION.
000073
000074          PERFORM 1000-INICIALIZA
000075
000076          PERFORM 2000-PROCESSA
000077
000078          PERFORM 3000-FINALIZA
000079
000080          GOBACK.
000081
000082******************************************************************
000083*              I  N  I  C  I  A  L  I  Z  A                      *
000084******************************************************************
000085 1000-INICIALIZA                     SECTION.
000086
000087          ACCEPT AS-DATA FROM DATE
000088
000089          OPEN INPUT ITREF001
000090
000091          IF AS-STATUS-F001 NOT EQUAL ZEROS
000092               MOVE 'ITREF001'          TO MSG-ERRO-OPEN-ARQUIVO
000093               MOVE AS-STATUS-F001      TO MSG-ERRO-OPEN-STATUS
000094               DISPLAY MSG-ERRO-OPEN
000095
000096               PERFORM 9000-CANCELA
000097          END-IF
000098          .
000099 1000-INICIALIZA-EXIT.
000100          EXIT.
000101******************************************************************
000102*              P  R  O  C  E  S  S  A                            *
000103******************************************************************
000104 2000-PROCESSA                       SECTION.
000105
000106          READ ITREF001
000107
000108          IF AS-STATUS-F001 NOT EQUAL ZEROS
000109               MOVE 'ITREF001'          TO MSG-ERRO-READ-ARQUIVO
000110               MOVE AS-STATUS-F001      TO MSG-ERRO-READ-STATUS
000111               DISPLAY MSG-ERRO-READ
000112
000113               PERFORM 9000-CANCELA
```

Capítulo 8 - Arquivos ◊ 89

```
000114        END-IF
000115
000116        PERFORM UNTIL AS-STATUS-F001 = 10
000117
000118            DISPLAY F001-MATRICULA   ' ' F001-NOME
000119
000120            READ ITREF001
000121
000122            IF AS-STATUS-F001 NOT EQUAL ZEROS
000123            AND AS-STATUS-F001 NOT EQUAL 10
000124                MOVE 'ITREF001'      TO MSG-ERRO-READ-ARQUIVO
000125                MOVE AS-STATUS-F001  TO MSG-ERRO-READ-STATUS
000126                DISPLAY MSG-ERRO-READ
000127                PERFORM 9000-CANCELA
000128            END-IF
000129
000130        END-PERFORM
000131        .
000132 2000-PROCESSA-EXIT.
000133        EXIT.
000134
000135************************************************************
000136*        F I N A L I Z A                                   *
000137************************************************************
000138 3000-FINALIZA              SECTION.
000139
000140        CLOSE ITREF001
000141
000142        IF AS-STATUS-F001 NOT EQUAL ZEROS
000143            MOVE 'ITREF001'      TO MSG-ERRO-CLOSE-ARQUIVO
000144            MOVE AS-STATUS-F001  TO MSG-ERRO-CLOSE-STATUS
000145            DISPLAY MSG-ERRO-CLOSE
000146            PERFORM 9000-CANCELA
000147        END-IF
000148
000149        DISPLAY 'TERMINO NORMAL'
000150        .
000151 3000-FINALIZA-EXIT.
000152        EXIT.
000153
000154************************************************************
000155*        F I M   A N O R M A L                             *
000156************************************************************
000157 9000-CANCELA               SECTION.
000158
```

```
000159     CLOSE ITREF001
000160
000161     DISPLAY 'TERMINO ANORMAL'
000162     GOBACK
000163     .
000164 9000-CANCELA-EXIT.
000165     EXIT.
```

Para toda operação em um arquivo seqüencial (open, close, read, write), deve ser feito um teste para saber se esta operação teve sucesso. Caso algum erro tenha ocorrido, o programa deve ser encerrado e uma mensagem emitida na saída da execução com o objetivo de informar o tipo de erro para que o responsável solucione o problema. Para esse fim, as áreas definidas das linhas 47 até 69 são áreas de mensagens que são montadas e exibidas em caso de erros.

As linhas 106 a 130 mostram a estrutura de repetição para a leitura completa do arquivo. Faz-se uma primeira leitura (linha 106) e em seguida abre-se um comando PERFORM até que seja fim do arquivo (Status 10). Após manipular o registro (no exemplo só foram apresentados os campos com o comando DISPLAY), faz-se a próxima leitura (linha 120) e retorna ao comando PERFORM. Esse laço acontece até a última leitura.

Exercício Resolvido

Programa TRE0018 - Achar o maior e o menor número de uma série de números positivos fornecidos em um arquivo.

```
         1         2         3         4         5         6         7
1234567890123456789012345678901234567890123456789012345678901234567890012
000001 ID DIVISION.
000002 PROGRAM-ID. TRE0018.
000003******************************************************************
000004*       SISTEMA  . . . . . . . . . . TRE - TREINAMENTO            *
000005*       ANALISTA . . . . . . . . . . JAIME WOJCIECHOWSKI          *
000006*       PROGRAMADOR  . . . . . . . . JAIME WOJCIECHOWSKI          *
000007*       DATA . . . . . . . . . . . . AGOSTO/2007                  *
000008*       FUNCAO . . . . . . . . . . . EXERCICIO RESOLVIDO          *
```

Capítulo 8 - Arquivos ◊ 91

```
000009************************************************************
000010 ENVIRONMENT DIVISION.
000011
000012 CONFIGURATION SECTION.
000013
000014 SPECIAL-NAMES.
000015     DECIMAL-POINT IS COMMA.
000016
000017 INPUT-OUTPUT SECTION.
000018
000019 FILE-CONTROL.
000020
000021     SELECT ITREF001
000022            ASSIGN           ITREF001
000023            FILE STATUS      AS-STATUS-F001.
000024
000025 DATA DIVISION.
000026
000027 FILE SECTION.
000028
000029 FD  ITREF001
000030     RECORD   3.
000031
000032 01  REG-ITREF001.
000033     05 F001-NUMERO            PIC 9(003).
000035
000036 WORKING-STORAGE SECTION.
000037
000038 01 AREAS-DE-SALVAMENTO.
000044
000045     05 AS-MAIOR               PIC 9(003)  VALUE ZEROS.
000045     05 AS-MENOR               PIC 9(003)  VALUE ZEROS.
000045     05 AS-STATUS-F001         PIC 9(002)  VALUE ZEROS.
000046
000047 01 MSG-ERRO-OPEN.
000048     05 FILLER                 PIC X(028)  VALUE
000049        'ERRO NA ABERTURA DO ARQUIVO'.
000050     05 MSG-ERRO-OPEN-ARQUIVO  PIC X(008)  VALUE SPACES.
000051     05 FILLER                 PIC X(011)  VALUE
000052        'COM STATUS '.
000053     05 MSG-ERRO-OPEN-STATUS   PIC 9(002)  VALUE ZEROS.
000054
000055 01 MSG-ERRO-READ.
000056     05 FILLER                 PIC X(027)  VALUE
000057        'ERRO NA LEITURA DO ARQUIVO'.
```

```
000058        05 MSG-ERRO-READ-ARQUIVO      PIC X(008)   VALUE SPACES.
000059        05 FILLER                     PIC X(011)   VALUE
000060           'COM STATUS '.
000061        05 MSG-ERRO-READ-STATUS       PIC 9(002)   VALUE ZEROS.
000062
000063 01 MSG-ERRO-CLOSE.
000064        05 FILLER                     PIC X(030)   VALUE
000065           'ERRO NO FECHAMENTO DO ARQUIVO'.
000066        05 MSG-ERRO-CLOSE-ARQUIVO     PIC X(008)   VALUE SPACES.
000067        05 FILLER                     PIC X(011)   VALUE
000068           'COM STATUS '.
000069        05 MSG-ERRO-CLOSE-STATUS      PIC 9(002)   VALUE ZEROS.
000070
000071
000072 PROCEDURE DIVISION.
000073
000074        PERFORM 1000-INICIALIZA
000075
000076        PERFORM 2000-PROCESSA
000077
000078        PERFORM 3000-FINALIZA
000079
000080        GOBACK.
000081
000082******************************************************************
000083*           I  N  I  C  I  A  L  I  Z  A                         *
000084******************************************************************
000085 1000-INICIALIZA                 SECTION.
000086
000087        OPEN INPUT ITREF001
000088
000089        IF AS-STATUS-F001 NOT EQUAL ZEROS
000090           MOVE 'ITREF001'            TO MSG-ERRO-OPEN-ARQUIVO
000091           MOVE AS-STATUS-F001        TO MSG-ERRO-OPEN-STATUS
000092           DISPLAY MSG-ERRO-OPEN
000093
000094           PERFORM 9000-CANCELA
000095        END-IF
000096        .
000097 1000-INICIALIZA-EXIT.
000098        EXIT.
000099******************************************************************
000100*           P  R  O  C  E  S  S  A                               *
```

```
000101******************************************************************
000102 2000-PROCESSA                    SECTION.
000103
000104      READ ITREF001
000105
000106      IF AS-STATUS-F001 NOT EQUAL ZEROS
000107         MOVE 'ITREF001'          TO MSG-ERRO-READ-ARQUIVO
000108         MOVE AS-STATUS-F001      TO MSG-ERRO-READ-STATUS
000109         DISPLAY MSG-ERRO-READ
000110
000111         PERFORM 9000-CANCELA
000112      END-IF
000113
000114      MOVE F001-NUMERO   TO   AS-MENOR
000115                              AS-MAIOR
000116
000117      PERFORM UNTIL AS-STATUS-F001 = 10
000118
000119         IF F001-NUMERO > AS-MAIOR
000120            MOVE F001-NUMERO   TO   AS-MAIOR
000121         END-IF
000122
000123         IF F001-NUMERO < AS-MENOR
000124            MOVE F001-NUMERO   TO   AS-MENOR
000125         END-IF
000126
000127         READ ITREF001
000128
000129         IF  AS-STATUS-F001 NOT EQUAL ZEROS
000130         AND AS-STATUS-F001 NOT EQUAL 10
000131            MOVE 'ITREF001'       TO MSG-ERRO-READ-ARQUIVO
000132            MOVE AS-STATUS-F001   TO MSG-ERRO-READ-STATUS
000133            DISPLAY MSG-ERRO-READ
000134            PERFORM 9000-CANCELA
000135         END-IF
000136
000137      END-PERFORM
000138
000139      DISPLAY 'MENOR = ' AS-MENOR
000140      DISPLAY 'MAIOR = ' AS-MAIOR
000141      .
000142 2000-PROCESSA-EXIT.
000143      EXIT.
000144
000145******************************************************************
```

```
000146*           F I N A L I Z A                                    *
000147**************************************************************
000148 3000-FINALIZA              SECTION.
000149
000150      CLOSE ITREF001
000151      IF AS-STATUS-F001 NOT EQUAL ZEROS
000152          MOVE 'ITREF001'          TO MSG-ERRO-CLOSE-ARQUIVO
000153          MOVE AS-STATUS-F001      TO MSG-ERRO-CLOSE-STATUS
000154          DISPLAY MSG-ERRO-CLOSE
000155          PERFORM 9000-CANCELA
000156      END-IF
000157
000158      DISPLAY 'TERMINO NORMAL'
000159      .
000160 3000-FINALIZA-EXIT.
000161      EXIT.
000162
000163**************************************************************
000164*           F I M   A N O R M A L                              *
000165**************************************************************
000166 9000-CANCELA               SECTION.
000167
000168      CLOSE ITREF001
000169
000170      DISPLAY 'TERMINO ANORMAL'
000171      GOBACK
000172      .
000173 9000-CANCELA-EXIT.
000174      EXIT.
```

Exercícios Propostos

Programa TRE0019 - Construir um algoritmo para calcular a média de um conjunto de valores inteiros e positivos.

Programa TRE0020 - Existem três candidatos a uma vaga no Senado. Feita a eleição, os votos foram registrados por eleitor. O voto de cada eleitor foi codificado da seguinte forma:

"1", "2", "3" : voto para os candidatos 1, 2 e 3 respectivamente;

"0"   : voto branco;

"4"   : voto nulo.

Deseja-se saber: o número do candidato vencedor (suposição: não há empate), o número de votos em branco, o número de votos nulos e o número de eleitores que compareceram às urnas.

PROGRAMA TRE0021 – Dado um arquivo as informações dos empréstimos dos clientes de uma agência, imprimir o total de empréstimos ativos por categoria.

Arquivo de empréstimos classificado por categoria:

CATEGORIA (*)	SITUAÇÃO (**)	SALDO DEVEDOR
1	1	5,78
1	1	17,28
1	0	50,78
1	1	20,37
2	0	200,37
3	0	17,67
3	1	12,45
3	1	20,67

(*) Categoria: 1 = Indivíduo   (**) Situação: 1 = Ativo
          2 = Empresa   2 = Liquidado
          3 = Governo   0 = Especial

Relatório a ser gerado:

Categoria	Total de Empréstimo
1	43,43
3	33,12
Total Geral:	76,55

Capítulo 9

Sort Interno

Ao contrário da recuperação de informações de um Banco de Dados que podem ser classificadas através de uma opção do comando de leitura, a classificação de dados de arquivos deve ser feita através de um comando chamado SORT. Este comando passa o controle da execução a um programa do sistema operacional que tem por objetivo receber um conjunto de dados, classificá-los conforme a solicitação e devolver os dados classificados para o programa.

9.1. ESTRUTURA DO SORT INTERNO

Para a utilização deste comando, é necessário montar uma estrutura no programa em duas etapas:

1) ENTRADA DO SORT

Nesta etapa, o programa deve fazer a leitura de dados que podem ser lidos de arquivos, tabelas de banco de dados ou mesmo produzidos pelo programa. Com esses dados, um arquivo do Sort é gravado. Será um arquivo temporário descrito na File Section e com seus campos mapeados com a indicação da chave de ordenação.

2) SAÍDA DO SORT

Após o término da execução da primeira etapa, o controle da execução do programa passa para um utilitário instalado no sistema operacional que faz a classificação do arquivo temporário gravado na primeira etapa. Ao término da classificação, o controle retorna ao programa. Uma estrutura de leitura deste arquivo classificado deve ser feita onde os dados serão recuperados e utilizados pelo programa.

9.2 CLÁUSULAS PARA DESCREVER O ARQUIVO DE SORT

INPUT-OUTPUT SECTION

Nesta Section utilizada para relacionar os arquivos que o programa irá utilizar, deve-se também relacionar o arquivo temporário que será utilizado pelo Sort Interno. Para o arquivo de Sort, não há necessidade de se definir uma área para o retorno das operações (leitura, gravação), já que o Sort tem uma área específica para este fim.

```
000001   INPUT-OUTPUT SECTION.
000002
000003   FILE-CONTROL.
000004
000005        SELECT SORTWK01
000006             ASSIGN SORTWK01.
```

FILE SECTION

Nesta Section deve-se descrever o mapeamento dos campos do arquivo. Esta relação de campos será escolhida pelo programador, dependendo da necessidade que a lógica do programa exige.

Para a descrição dos campos de arquivos seqüenciais usou-se a cláusula FD (File Description), para o arquivo de sort usa-se SD (Sort Description).

O exemplo seguinte mostra o mapeamento de um arquivo de sort com 3 campos, SRT-NOME, SRT-MATRICULA e SRT-SALARIO. Digamos que se deseja uma ordenação pelo campo SRT-NOME. Então foi criado um item de grupo SRT-CHAVE contendo este campo como item elementar. SRT-CHAVE será utilizado no comando SORT como chave de ordenação. Caso se deseje ordenar por mais de um campo, basta colocá-los subordinados ao item de grupo.

```
000001  FILE SECTION.
000002
000003  SD   SORTWK01.
000004
000005  01   REG-SRT.
000006       05  SRT-CHAVE.
000007           10  SRT-NOME         PIC X(040).
000008       05  SRT-MATRICULA        PIC 9(005).
000009       05  SRT-SALARIO          PIC 9(009)V9(002).
```

9.3. COMANDOS DO SORT INTERNO

SORT

Faz a classificação do arquivo temporário especificado.

SINTAXE:

```
000001   SORT <nome do arquivo de sort>
000002        <ASCENDING/DESCENDING> <chave de ordenação>
000003        INPUT PROCEDURE <section entrada do sort>
000004        OUTPUT PROCEDURE <section saida do sort>
```

EXEMPLO:

```
000001   SORT SORTWK01
000002        ASCENDING SRT-CHAVE
000003        INPUT PROCEDURE 2000-ENTRADA-SORT
000004        OUTPUT PROCEDURE 3000-SAIDA-SORT
```

RELEASE

Comando utilizado na Section especificada na Input Procedure, faz a gravação do arquivo temporário do Sort.

SINTAXE:

```
000001    RELEASE <nome do registro do arquivo de sort>
```

EXEMPLO:

```
000001    RELEASE REG-SRT
```

RETURN

Comando utilizado na Section especificada na Output Procedure, faz a leitura do arquivo temporário do Sort após sua classificação.

SINTAXE:

```
000001    RETURN <nome do arquivo de sort>
000002    AT END
000003       comando
000004    END-RETURN
```

EXEMPLO:

```
000001    RETURN SORTWK01
000002    AT END
000003       MOVE 'S' TO CH-FIM-SORT
000004    END-RETURN
```

O exemplo a seguir mostra em negrito todos os pontos do programa que devem ser alterados para se usar o comando.

```
                 1         2         3         4         5         6         7
        123456789012345678901234567890123456789012345678901234567890123456789012
        000001 ID DIVISION.
        000002 PROGRAM-ID. TRE0022.
        000003********************************************************************
        000004*         SISTEMA . . . . . . . . . TRE — TREINAMENTO               *
```

Capítulo 9 - Sort Interno ◊ 103

```
000005*         ANALISTA. . . . . . . . . . JAIME WOJCIECHOWSKI        *
000006*         PROGRAMADOR . . . . . . . . JAIME WOJCIECHOWSKI        *
000007*         DATA  . . . . . . . . . . . AGOSTO/2007                *
000008*         FUNCAO  . . . . . . . . . . EXEMPLO DE SORT            *
000009*************************************************************
000010 ENVIRONMENT DIVISION.
000011
000012 CONFIGURATION SECTION.
000013
000014 SPECIAL-NAMES.
000015         DECIMAL-POINT IS COMMA.
000016
000017 INPUT-OUTPUT SECTION.
000018
000019 FILE-CONTROL.
000020
000021         SELECT ITREF001
000022                 ASSIGN        ITREF001
000023                 FILE STATUS   AS-STATUS-F001.
000024
000025         SELECT SORTWK01
000026                 ASSIGN SORTWK01.
000027
000028 DATA DIVISION.
000029
000030 FILE SECTION.
000031
000032 FD   ITREF001
000033      RECORD 45.
000034
000035 01   REG-ITREF001.
000036      05 F001-MATRICULA          PIC 9(005).
000037      05 F001-NOME               PIC X(040).
000038
000039 SD   SORTWK01.
000040
000041 01   REG-SRT.
000042      05 SRT-CHAVE.
000043           10 SRT-NOME           PIC X(040).
000044      05 SRT-MATRICULA           PIC 9(005).
000045      05 SRT-SALARIO             PIC 9(009)V9(002).
000046
000047 WORKING-STORAGE SECTION.
000048
000049 01 AREAS-DE-SALVAMENTO.
```

```
000050      05 AS-DATA                      PIC 9(008) VALUE ZEROS.
000051      05 FILLER       REDEFINES AS-DATA.
000052         10 AS-DIA                    PIC 9(002).
000053         10 AS-MES                    PIC 9(002).
000054         10 AS-ANO                    PIC 9(004).
000055
000056      05 AS-STATUS-F001               PIC 9(002) VALUE ZEROS.
000057
000058  01 CHAVES.
000059      05 CH-FIM-SORT                  PIC X(001) VALUE SPACES.
000060
000061  01 MSG-ERRO-OPEN.
000062      05 FILLER                       PIC X(028) VALUE
000063         'ERRO NA ABERTURA DO ARQUIVO'.
000064      05 MSG-ERRO-OPEN-ARQUIVO        PIC X(008) VALUE SPACES.
000065      05 FILLER                       PIC X(011) VALUE
000066         'COM STATUS '.
000067      05 MSG-ERRO-OPEN-STATUS         PIC 9(002) VALUE ZEROS.
000068
000069  01 MSG-ERRO-READ.
000070      05 FILLER                       PIC X(027) VALUE
000071         'ERRO NA LEITURA DO ARQUIVO'.
000072      05 MSG-ERRO-READ-ARQUIVO        PIC X(008) VALUE SPACES.
000072      05 FILLER                       PIC X(011) VALUE
000073         'COM STATUS '.
000074      05 MSG-ERRO-READ-STATUS         PIC 9(002) VALUE ZEROS.
000075
000076  01 MSG-ERRO-WRITE.
000077      05 FILLER                       PIC X(028) VALUE
000078         'ERRO NA GRAVAÇAO DO ARQUIVO'.
000079      05 MSG-ERRO-WRITE-ARQUIVO       PIC X(008) VALUE SPACES.
000080      05 FILLER                       PIC X(011) VALUE
000081         'COM STATUS '.
000082      05 MSG-ERRO-WRITE-STATUS        PIC 9(002) VALUE ZEROS.
000083
000084  01 MSG-ERRO-CLOSE.
000085      05 FILLER                       PIC X(030) VALUE
000086         'ERRO NO FECHAMENTO DO ARQUIVO'.
000087      05 MSG-ERRO-CLOSE-ARQUIVO       PIC X(008) VALUE SPACES.
000088      05 FILLER                       PIC X(011) VALUE
000089         'COM STATUS '.
000090      05 MSG-ERRO-CLOSE-STATUS        PIC 9(002) VALUE ZEROS.
000091
000092  PROCEDURE DIVISION.
000093
```

```
000094     PERFORM 1000-INICIALIZA
000095
000096     SORT SORTWK01 ASCENDING SRT-CHAVE
000097          INPUT PROCEDURE 2000-ENTRADA-SORT
000098          OUTPUT PROCEDURE 3000-SAIDA-SORT
000099
000100     IF SORT-RETURN NOT EQUAL ZEROS
000101        DISPLAY 'ERRO DURANTE O SORT'
000102        PERFORM 9000-CANCELA
000103     END-IF
000104
000105     PERFORM 4000-FINALIZA
000106
000107     GOBACK.
000108
000109************************************************************
000110*          I N I C I A L I Z A                             *
000111************************************************************
000112 1000-INICIALIZA              SECTION.
000113
000114     OPEN INPUT ITREF001
000115
000116     IF AS-STATUS-F001 NOT EQUAL ZEROS
000117        MOVE 'ITREF001'       TO MSG-ERRO-OPEN-ARQUIVO
000118        MOVE AS-STATUS-F001   TO MSG-ERRO-OPEN-STATUS
000119        DISPLAY MSG-ERRO-OPEN
000120        PERFORM 9000-CANCELA
000121     END-IF
000122     .
000123 1000-INICIALIZA-EXIT.
000124     EXIT.
000125
000126************************************************************
000127*          LE ARQUIVO E001 PARA GRAVAR O SORT              *
000128************************************************************
000129 2000-ENTRADA-SORT            SECTION.
000130
000131     READ ITREF001
000132
000133     IF AS-STATUS-F001 NOT EQUAL ZEROS
000134        MOVE 'ITREF001'       TO MSG-ERRO-READ-ARQUIVO
000135        MOVE AS-STATUS-F001   TO MSG-ERRO-READ-STATUS
000136        DISPLAY MSG-ERRO-READ
000137        PERFORM 9000-CANCELA
000138     END-IF
```

```
000139
000140      PERFORM UNTIL AS-STATUS-F001 = 10
000141
000142          MOVE F001-MATRICULA      TO SRT-MATRICULA
000143          MOVE F001-NOME           TO SRT-NOME
000144
000145          IF F001-MATRICULA > 22000
000146              MOVE 1000            TO SRT-SALARIO
000147          ELSE
000148              MOVE 2000            TO SRT-SALARIO
000149          END-IF
000150
000151          RELEASE REG-SRT
000152
000153          READ ITREF001
000154
000155          IF  AS-STATUS-F001 NOT EQUAL ZEROS
000156          AND AS-STATUS-F001 NOT EQUAL 10
000157              MOVE 'ITREF001'      TO MSG-ERRO-READ-ARQUIVO
000158              MOVE AS-STATUS-F001  TO MSG-ERRO-READ-STATUS
000159              DISPLAY MSG-ERRO-READ
000160
000161              PERFORM 9000-CANCELA
000162
000163          END-IF
000164
000165      END-PERFORM
000166      .
000167  2000-ENTRADA-SORT-EXIT.
000168      EXIT.
000169
000170**********************************************************************
000171*         L E    S O R T                                             *
000172**********************************************************************
000173  3000-SAIDA-SORT                  SECTION.
000174
000175      RETURN SORTWK01
000176          AT END
000177              DISPLAY 'ARQUIVO DE SORT VAZIO'
000178              PERFORM 9000-CANCELA
000179      END-RETURN
000180
000181      MOVE 'N' TO CH-FIM-SORT
000182
```

```
000183          PERFORM UNTIL CH-FIM-SORT = 'S'
000184
000185              DISPLAY SRT-NOME ' ' SRT-MATRICULA ' ' SRT-SALARIO
000186
000187              RETURN SORTWK01
000188                  AT END
000189                      MOVE 'S' TO CH-FIM-SORT
000190              END-RETURN
000191
000192          END-PERFORM
000193          .
000194      3000-SAIDA-SORT-EXIT.
000195          EXIT.
000196
000197**********************************************************
000198*         F I N A L I Z A                                 *
000199**********************************************************
000200      4000-FINALIZA             SECTION.
000201
000202          CLOSE ITREF001
000203
000204          IF AS-STATUS-F001 NOT EQUAL ZEROS
000205              MOVE 'ITREF001'         TO MSG-ERRO-CLOSE-ARQUIVO
000206              MOVE AS-STATUS-F001     TO MSG-ERRO-CLOSE-STATUS
000207              DISPLAY MSG-ERRO-CLOSE
000208
000209              PERFORM 9000-CANCELA
000210          END-IF
000211
000212          DISPLAY 'TERMINO NORMAL'
000213          .
000214      4000-FINALIZA-EXIT.
000215          EXIT.
000216
000217**********************************************************
000218*         F I M   A N O R M A L                           *
000219**********************************************************
000220      9000-CANCELA              SECTION.
000221
000222          CLOSE ITREF001
000223
000224          DISPLAY 'TERMINO ANORMAL'
000225          .
000226      9000-CANCELA-EXIT.
000227          EXIT.
```

108 ◊ Linguagem de Programação COBOL para Mainframe

EXERCÍCIO RESOLVIDO

PROGRAMA TRE0023 - Considere um arquivo não classificado com:

NÚMERO DO PEDIDO	NÚMERO DO PRODUTO	QUANTIDADE	PREÇO UNITÁRIO

Listar os registros em ordem de pedido e produto.

```
          1         2         3         4         5         6         7
123456789012345678901234567890123456789012345678901234567890123456789012
000001 ID DIVISION.
000002 PROGRAM-ID. TRE0023.
000003******************************************************************
000004*         SISTEMA  . . . . . . . . . TRE - TREINAMENTO            *
000005*         ANALISTA . . . . . . . . . JAIME WOJCIECHOWSKI          *
000006*         PROGRAMADOR . . . . . . . .JAIME WOJCIECHOWSKI          *
000007*         DATA  . . . . . . . . . . AGOSTO/2007                   *
000008*         FUNCAO  . . . . . . . . . EXEMPLO DE SORT               *
000009******************************************************************
000010 ENVIRONMENT DIVISION.
000011
000012 CONFIGURATION SECTION.
000013
000014 SPECIAL-NAMES.
000015     DECIMAL-POINT IS COMMA.
000016
000017 INPUT-OUTPUT SECTION.
000018
000019 FILE-CONTROL.
000020
000021     SELECT ITREF001
000022         ASSIGN      ITREF001
000023         FILE STATUS AS-STATUS-F001.
000024
000025     SELECT SORTWK01
000026         ASSIGN SORTWK01.
000027
000028 DATA DIVISION.
000029
000030 FILE SECTION.
000031
000032 FD  ITREF001
000033     RECORD   45.
000034
000035 01  REG-ITREF001.
```

```
000036      05 F001-NUM-PEDIDO                  PIC 9(005).
000037      05 F001-NUM-PRODUTO                 PIC 9(005).
000038      05 F001-QTDE                        PIC 9(005).
000039      05 F001-PRECO-UNITARIO              PIC 9(011)V99.
000040
000041 SD SORTWK01.
000042
000043 01 REG-SRT.
000044      05 SRT-CHAVE.
000045        10 SRT-NUM-PEDIDO                 PIC 9(005).
000046        10 SRT-NUM-PRODUTO                PIC 9(005).
000047      05 SRT-QTDE                         PIC 9(005).
000048      05 SRT-PRECO-UNITARIO               PIC 9(011)V99.
000049
000050 WORKING-STORAGE SECTION.
000051
000052 01 AREAS-DE-SALVAMENTO.
000053
000054      05 AS-STATUS-F001                   PIC 9(002) VALUE ZEROS.
000055
000056 01 CHAVES.
000057      05 CH-FIM-SORT                      PIC X(001) VALUE SPACES.
000058
000059 01 MSG-ERRO-OPEN.
000060      05 FILLER                           PIC X(028) VALUE
000061         'ERRO NA ABERTURA DO ARQUIVO'.
000062      05 MSG-ERRO-OPEN-ARQUIVO            PIC X(008) VALUE SPACES.
000063      05 FILLER                           PIC X(011) VALUE
000064         'COM STATUS '.
000065      05 MSG-ERRO-OPEN-STATUS             PIC 9(002) VALUE ZEROS.
000066
000067 01 MSG-ERRO-READ.
000068      05 FILLER                           PIC X(027) VALUE
000069         'ERRO NA LEITURA DO ARQUIVO'.
000070      05 MSG-ERRO-READ-ARQUIVO            PIC X(008) VALUE SPACES.
000071      05 FILLER                           PIC X(011) VALUE
000072         'COM STATUS '.
000073      05 MSG-ERRO-READ-STATUS             PIC 9(002) VALUE ZEROS.
000074
000075 01 MSG-ERRO-WRITE.
000076      05 FILLER                           PIC X(028) VALUE
000077         'ERRO NA GRAVAÇAO DO ARQUIVO'.
000078      05 MSG-ERRO-WRITE-ARQUIVO           PIC X(008) VALUE SPACES.
000079      05 FILLER                           PIC X(011) VALUE
000080         'COM STATUS '.
000081      05 MSG-ERRO-WRITE-STATUS            PIC 9(002) VALUE ZEROS.
```

```
000082
000083 01  MSG-ERRO-CLOSE.
000084     05  FILLER                         PIC X(030) VALUE
000085         'ERRO NO FECHAMENTO DO ARQUIVO'.
000086     05  MSG-ERRO-CLOSE-ARQUIVO         PIC X(008) VALUE SPACES.
000087     05  FILLER                         PIC X(011) VALUE
000088         'COM STATUS '.
000089     05  MSG-ERRO-CLOSE-STATUS          PIC 9(002) VALUE ZEROS.
000090
000091 PROCEDURE DIVISION.
000092
000093     PERFORM 1000-INICIALIZA
000094
000095     SORT SORTWK01 ASCENDING SRT-CHAVE
000096          INPUT  PROCEDURE 2000-ENTRADA-SORT
000097          OUTPUT PROCEDURE 3000-SAIDA-SORT
000098
000099     IF SORT-RETURN NOT EQUAL ZEROS
000100         DISPLAY 'ERRO DURANTE O SORT'
000101         PERFORM 9000-CANCELA
000102     END-IF
000103
000104     PERFORM 4000-FINALIZA
000105
000106     GOBACK.
000107
000108********************************************************************
000109*           I N I C I A L I Z A                                    *
000110********************************************************************
000111 1000-INICIALIZA              SECTION.
000112
000113     OPEN INPUT ITREF001
000114
000115     IF AS-STATUS-F001 NOT EQUAL ZEROS
000116         MOVE 'ITREF001'     TO MSG-ERRO-OPEN-ARQUIVO
000117         MOVE AS-STATUS-F001 TO MSG-ERRO-OPEN-STATUS
000118         DISPLAY MSG-ERRO-OPEN
000119         PERFORM 9000-CANCELA
000120     END-IF
000121     .
000122 1000-INICIALIZA-EXIT.
000123     EXIT.
000124
000125********************************************************************
```

```
000126*          LE ARQUIVO E001 PARA GRAVAR O SORT                  *
000127**********************************************************************
000128 2000-ENTRADA-SORT              SECTION.
000129
000130     READ ITREF001
000131
000132     IF AS-STATUS-F001 NOT EQUAL ZEROS
000133        MOVE 'ITREF001'          TO MSG-ERRO-READ-ARQUIVO
000134        MOVE AS-STATUS-F001      TO MSG-ERRO-READ-STATUS
000135        DISPLAY MSG-ERRO-READ
000136        PERFORM 9000-CANCELA
000137     END-IF
000138
000139     PERFORM UNTIL AS-STATUS-F001 = 10
000140
000141        MOVE F001-NUM-PEDIDO     TO SRT-NUM-PEDIDO
000142        MOVE F001-NUM-PRODUTO    TO SRT-NUM-PRODUTO
000143        MOVE F001-QTDE           TO SRT-QTDE
000144        MOVE F001-PRECO-UNITARIO TO SRT-PRECO-UNITARIO
000145
000146        RELEASE REG-SRT
000147
000148        READ ITREF001
000149
000150        IF AS-STATUS-F001 NOT EQUAL ZEROS
000151        AND AS-STATUS-F001 NOT EQUAL 10
000152           MOVE 'ITREF001'          TO MSG-ERRO-READ-ARQUIVO
000153           MOVE AS-STATUS-F001      TO MSG-ERRO-READ-STATUS
000154           DISPLAY MSG-ERRO-READ
000155
000156           PERFORM 9000-CANCELA
000157
000158        END-IF
000159
000160     END-PERFORM
000161     .
000162 2000-ENTRADA-SORT-EXIT.
000163     EXIT.
000164
000165**********************************************************************
000166*          L E   S O R T                                        *
000167**********************************************************************
000168 3000-SAIDA-SORT                SECTION.
000169
000170     RETURN SORTWK01
```

```
000171              AT END
000172                 DISPLAY 'ARQUIVO DE SORT VAZIO'
000173                 PERFORM 9000-CANCELA
000174           END-RETURN
000175
000176           MOVE 'N' TO CH-FIM-SORT
000177
000178           PERFORM UNTIL CH-FIM-SORT = 'S'
000179
000180              DISPLAY SRT-NUM-PEDIDO    ' '
000181                      SRT-NUM-PRODUTO   ' '
000182                      SRT-QTDE          ' '
000183                      SRT-PRECO-UNITARIO
000184
000185              RETURN SORTWK01
000186                 AT END
000187                    MOVE 'S' TO CH-FIM-SORT
000188              END-RETURN
000189
000190           END-PERFORM
000191           .
000192 3000-SAIDA-SORT-EXIT.
000193           EXIT.
000194
000195**********************************************************************
000196*           F I N A L I Z A                                          *
000197**********************************************************************
000198 4000-FINALIZA                 SECTION.
000199
000200           CLOSE ITREF001
000201
000202           IF AS-STATUS-F001 NOT EQUAL ZEROS
000203              MOVE 'ITREF001'         TO MSG-ERRO-CLOSE-ARQUIVO
000204              MOVE AS-STATUS-F001     TO MSG-ERRO-CLOSE-STATUS
000205              DISPLAY MSG-ERRO-CLOSE
000206
000207              PERFORM 9000-CANCELA
000208           END-IF
000209
000210           DISPLAY 'TERMINO NORMAL'
000211           .
000212 4000-FINALIZA-EXIT.
000213           EXIT.
000214
000215**********************************************************************
000216*           F I M   A N O R M A L                                    *
```

```
000217*************************************************************
000218 9000-CANCELA        SECTION.
000219
000220      CLOSE ITREF001
000221      DISPLAY 'TERMINO ANORMAL'
000222      GOBACK
000223      .
000224 9000-CANCELA-EXIT.
000225      EXIT.
```

Exercício Proposto

PROGRAMA TRE0024 - Calcular o Imposto de Renda de um grupo de contribuintes, considerando que:

➢ Cada contribuinte possui os seguintes dados sem classificação, que devem ser lidos de um arquivo de entrada: número do CPF, número de dependentes e salário mensal.

➢ O desconto mensal por dependente é de R$ 90,00

➢ As faixas de contribuição mensal do IR são (valores em R$):

Faixa	Início	Final	Alíquota	Dedução
Primeira	0,01	900,00	0,00	0,00
Segunda	900,01	1.800,00	15,00	90,00
Terceira	1.800,01	999.999.999.999,99	25,00	126,00

Cada registro de entrada contém os dados de um contribuinte. Ler esses dados, calcular o imposto e imprimir os dados e o IR calculado em ordem de número de CPF.

CAPÍTULO 10

RELATÓRIOS

Capítulo 10 - Relatórios ◊ 117

A geração de relatórios através de um programa COBOL, nada mais é do que a gravação de um arquivo contendo todas as linhas que se deseja imprimir na formatação desejada. O COBOL não faz distinção entre um arquivo de saída e um arquivo de relatório. Esta formatação das linhas deve ser feita com a definição de variáveis na Working-Storage Section cujo conteúdo seja as linhas do relatório.

10.1. DEFINIÇÃO DE UM RELATÓRIO

Suponha o seguinte exemplo de layout de relatório, sendo que na definição das linhas foram utilizadas pictures de edição.

```
    123456789012345678901234567890123456789012345678901234567890123456789012345678901234567890
 1  DD/MM/AAAA-           RELACAO DE FUNCIONÁRIOS            TRE00101        PAG:zzzz
 2  ----------------------------------------------------------------------------------
 3
 4  EMP MATRI.          NOME                                 VALOR DO SALÁRIO
 5  999 99.999          XXXXXXXXXXXXXXXXXXXXXXXXXXXXXX       ZZ.ZZZ.ZZZ.ZZ9,99
 6  999 99.999          XXXXXXXXXXXXXXXXXXXXXXXXXXXXXX       ZZ.ZZZ.ZZZ.ZZ9,99
 7  999 99.999          XXXXXXXXXXXXXXXXXXXXXXXXXXXXXX       ZZ.ZZZ.ZZZ.ZZ9,99
 8  999 99.999          XXXXXXXXXXXXXXXXXXXXXXXXXXXXXX       ZZ.ZZZ.ZZZ.ZZ9,99
 9  999 99.999          XXXXXXXXXXXXXXXXXXXXXXXXXXXXXX       ZZ.ZZZ.ZZZ.ZZ9,99
 0  999 99.999          XXXXXXXXXXXXXXXXXXXXXXXXXXXXXX       ZZ.ZZZ.ZZZ.ZZ9,99
 1  999 99.999          XXXXXXXXXXXXXXXXXXXXXXXXXXXXXX       ZZ.ZZZ.ZZZ.ZZ9,99
 2  999 99.999          XXXXXXXXXXXXXXXXXXXXXXXXXXXXXX       ZZ.ZZZ.ZZZ.ZZ9,99
 3  999 99.999          XXXXXXXXXXXXXXXXXXXXXXXXXXXXXX       ZZ.ZZZ.ZZZ.ZZ9,99
 4  999 99.999          XXXXXXXXXXXXXXXXXXXXXXXXXXXXXX       ZZ.ZZZ.ZZZ.ZZ9,99
 5  999 99.999          XXXXXXXXXXXXXXXXXXXXXXXXXXXXXX       ZZ.ZZZ.ZZZ.ZZ9,99
 6  999 99.999          XXXXXXXXXXXXXXXXXXXXXXXXXXXXXX       ZZ.ZZZ.ZZZ.ZZ9,99
 7  999 99.999          XXXXXXXXXXXXXXXXXXXXXXXXXXXXXX       ZZ.ZZZ.ZZZ.ZZ9,99
 8  999 99.999          XXXXXXXXXXXXXXXXXXXXXXXXXXXXXX       ZZ.ZZZ.ZZZ.ZZ9,99
 9  999 99.999          XXXXXXXXXXXXXXXXXXXXXXXXXXXXXX       ZZ.ZZZ.ZZZ.ZZ9,99
 0  999 99.999          XXXXXXXXXXXXXXXXXXXXXXXXXXXXXX       ZZ.ZZZ.ZZZ.ZZ9,99
 1  999 99.999          XXXXXXXXXXXXXXXXXXXXXXXXXXXXXX       ZZ.ZZZ.ZZZ.ZZ9,99
 2  999 99.999          XXXXXXXXXXXXXXXXXXXXXXXXXXXXXX       ZZ.ZZZ.ZZZ.ZZ9,99
 3
 4  **TOTAIS**      999 ZZ.ZZZ.ZZZ.ZZ9,99
```

118 ◊ Linguagem de Programação COBOL para Mainframe

Este relatório tem 3 cabeçalhos (linha 1, 2 e 4) que devem ser impressos toda vez que houver quebra de página, um tipo de linha no corpo do relatório que será chamada de Linha de Detalhe (das linhas 5 a 20) e uma linha de total (linha 22).

A definição na Working da primeira linha será feita da seguinte maneira:

```
         1         2         3         4         5         6         7
123456789012345678901234567890123456789012345678901234567890123456789012
000001 01  REL01-CABECALHO-01.
000002     05 FILLER                PIC X(001) VALUE SPACES.
000003     05 REL01-CB01-DIA        PIC 99.
000004     05 FILLER                PIC X(001) VALUE '/'.
000005     05 REL01-CB01-MES        PIC 99.
000006     05 FILLER                PIC X(001) VALUE '/'.
000007     05 REL01-CB01-ANO        PIC 9999.
000008     05 FILLER                PIC X(016) VALUE SPACES.
000009     05 FILLER                PIC X(023) VALUE
000010        'RELACAO DE FUNCIONARIOS'.
000011     05 FILLER                PIC X(022) VALUE SPACES.
000012     05 FILLER                PIC X(005) VALUE 'PAG: '.
000013     05 REL01-CB01-PAG        PIC ZZ9.
```

Nesta definição, o prefixo dos campos REL01-CB01- indica que o campo pertence ao relatório 1 (já que pode haver mais de um relatório no programa), cabeçalho 1.

A primeira posição da linha do relatório não pode ser utilizada. Nesta posição o COBOL irá colocar os caracteres de controle para impressora (quebra de linha e de página).

Desta mesma forma as demais linhas de cabeçalho, linha de detalhe e de total serão definidas.

O exemplo a seguir mostra em negrito todos os pontos do programa que devem ser colocados para se gerar um relatório.

```
         1         2         3         4         5         6         7
123456789012345678901234567890123456789012345678901234567890123456789012
000001 ID DIVISION.
000002 PROGRAM-ID.  TRE0025.
000003****************************************************************
000004*         SISTEMA . . . . . . . . . . TRE – TREINAMENTO        *
000005*         ANALISTA. . . . . . . . . . JAIME WOJCIECHOWSKI      *
000006*         PROGRAMADOR . . . . . . . . JAIME WOJCIECHOWSKI      *
```

```
000007*           DATA . . . . . . . . . . AGOSTO/2007           *
000008*           FUNCAO . . . . . . . . . EXEMPLO DE RELATORIO  *
000009***************************************************************
000010 ENVIRONMENT DIVISION.
000011
000012 CONFIGURATION SECTION.
000013
000014      SPECIAL-NAMES.
000015           DECIMAL-POINT IS COMMA.
000016
000017 INPUT-OUTPUT SECTION.
000018
000019 FILE-CONTROL.
000020
000021      SELECT ITREF002
000022           ASSIGN      ITREF002
000023           FILE STATUS AS-STATUS-F002.
000024
000025      SELECT OTRE0001
000026           ASSIGN      OTRE0001.
000027
000028 DATA DIVISION.
000029
000030 FILE SECTION.
000031
000032 FD   ITREF002
000033      RECORD 58.
000034
000035 01   REG-ITREF002.
000036      05 F002-EMPRESA            PIC 9(002).
000037      05 F002-MATRICULA          PIC 9(005).
000038      05 F002-NOME               PIC X(040).
000039      05 F002-SALARIO            PIC 9(009)V9(002).
000040
000041 FD   OTRE0001
000042      RECORD    133.
000043
000044 01   REG-OTRE0001.
000045      05 0001-LINHA              PIC X(133).
000046
000047 WORKING-STORAGE SECTION.
000048
000049 01   AREAS-DE-SALVAMENTO.
000050      05 AS-DATA                 PIC 9(006) VALUE ZEROS.
000051      05 FILLER REDEFINES AS-DATA.
```

```
000052       10  AS-ANO                PIC 9(002).
000053       10  AS-MES                PIC 9(002).
000054       10  AS-DIA                PIC 9(002).
000055 01 CHAVES.
000056       05  AS-STATUS-F002        PIC 9(002) VALUE ZEROS.
000057
000058 01 ACUMULADORES.
000059       05  AC-LINHA              PIC 9(002)          VALUE 99.
000060       05  AC-PAGINA             PIC 9(003)          VALUE ZEROS.
000061       05  AC-QTD-FUN            PIC 9(003)          VALUE ZEROS.
000062       05  AC-TOTAL-SAL          PIC 9(011)V9(002) VALUE ZEROS.
000063
000064 01 MSG-ERRO-READ.
000065       05  FILLER                PIC X(027) VALUE
000066           'ERRO NA LEITURA DO ARQUIVO'.
000067       05  MSG-ERRO-READ-ARQUIVO PIC X(008) VALUE SPACES.
000068       05  FILLER                PIC X(011) VALUE
000069           'COM STATUS '.
000070       05  MSG-ERRO-READ-STATUS  PIC 9(002) VALUE ZEROS.
000071
000072 01 MSG-ERRO-WRITE.
000073       05  FILLER                PIC X(028) VALUE
000074           'ERRO NA GRAVAÇAO DO ARQUIVO'.
000075       05  MSG-ERRO-WRITE-ARQUIVO PIC X(008) VALUE SPACES.
000076       05  FILLER                PIC X(011) VALUE
000077           'COM STATUS '.
000078       05  MSG-ERRO-WRITE-STATUS PIC 9(002) VALUE ZEROS.
000079
000080 01 MSG-ERRO-CLOSE.
000081       05  FILLER                PIC X(030) VALUE
000082           'ERRO NO FECHAMENTO DO ARQUIVO'.
000083       05  MSG-ERRO-CLOSE-ARQUIVO PIC X(008) VALUE SPACES.
000084       05  FILLER                PIC X(011) VALUE
000085           'COM STATUS '.
000086       05  MSG-ERRO-CLOSE-STATUS PIC 9(002) VALUE ZEROS.
000087
000088 01 RELO1-CABECALHO-01.
000089       05  FILLER                PIC X(001) VALUE SPACES.
000090       05  RELO1-CBO1-DIA        PIC 99.
000091       05  FILLER                PIC X(001) VALUE '/'.
000092       05  RELO1-CBO1-MES        PIC 99.
000093       05  FILLER                PIC X(001) VALUE '/'.
000094       05  RELO1-CBO1-ANO        PIC 9999.
000095       05  FILLER                PIC X(001) VALUE '-'.
000096       05  FILLER                PIC X(031) VALUE SPACES.
```

```
000097      05 FILLER                   PIC X(023) VALUE
000098          'RELACAO DE FUNCIONARIOS'.
000099      05 FILLER                   PIC X(024) VALUE SPACES.
000100      05 FILLER                   PIC X(008) VALUE 'TRE00101'.
000101      05 FILLER                   PIC X(010) VALUE SPACES.
000102      05 FILLER                   PIC X(004) VALUE 'PAG.'.
000103      05 REL01-CB01-PAG           PIC ZZZZ.
000104
000105 01 REL01-CABECALHO-02.
000106      05 FILLER                   PIC X(001) VALUE SPACES.
000107      05 FILLER                   PIC X(132) VALUE ALL '-'.
000108
000109 01 REL01-CABECALHO-03.
000110      05 FILLER                   PIC X(001) VALUE SPACES.
000111      05 FILLER                   PIC X(015) VALUE 'EMP MATRI. NOME'.
000112      05 FILLER                   PIC X(037) VALUE SPACES.
000113      05 FILLER                   PIC X(017) VALUE ' VALOR DO SALARIO'.
000114
000115 01 REL01-DETALHE-01.
000116      05 FILLER                   PIC X(001) VALUE SPACES.
000117      05 REL01-LD01-EMPRESA       PIC 999.
000118      05 FILLER                   PIC X(001) VALUE SPACES.
000119      05 REL01-LD01-MATRICULA     PIC 99.999.
000120      05 FILLER                   PIC X(001) VALUE SPACES.
000121      05 REL01-LD01-NOME          PIC X(040) VALUE SPACES.
000122      05 FILLER                   PIC X(001) VALUE SPACES.
000123      05 REL01-LD01-SALARIO       PIC ZZ.ZZZ.ZZZ.ZZ9,99.
000124
000125 01 REL01-TOTAL-01.
000126      05 FILLER                   PIC X(001) VALUE SPACES.
000127      05 FILLER                   PIC X(012) VALUE '** TOTAIS **'.
000128      05 REL01-LT01-QTD-FUN      PIC 999.
000129      05 FILLER                   PIC X(001) VALUE SPACES.
000130      05 REL01-LT01-TOT-SAL      PIC ZZ.ZZZ.ZZZ.ZZ9,99.
000131
000132 PROCEDURE DIVISION.
000133
000134      PERFORM 1000-INICIALIZA
000135
000136      PERFORM 2000-PROCESSA
000137
000138      PERFORM 3000-FINALIZA
000139
000140      GOBACK.
000141
```

```
000142**********************************************************************
000143*         I N I C I A L I Z A                                          *
000144**********************************************************************
000145 1000-INICIALIZA              SECTION.
000146
000147     OPEN INPUT  ITREF002
000148     OPEN OUTPUT OTRE0001
000149     .
000150 1000-INICIALIZA-EXIT.
000151     EXIT.
000152
000153**********************************************************************
000154*         P R O C E S S A                                              *
000155**********************************************************************
000156 2000-PROCESSA                SECTION.
000157
000158     READ ITREF002
000159
000160     IF AS-STATUS-F002 NOT EQUAL ZEROS
000161         MOVE 'ITREF002'         TO MSG-ERRO-READ-ARQUIVO
000162         MOVE AS-STATUS-F002     TO MSG-ERRO-READ-STATUS
000163         DISPLAY MSG-ERRO-READ
000164         PERFORM 9000-CANCELA
000165     END-IF
000166
000167     PERFORM UNTIL AS-STATUS-F002 EQUAL 10
000168
000169         IF AC-LINHA > 60
000170             PERFORM 2200-CABECALHO
000171         END-IF
000172
000173         PERFORM 2100-DETALHE
000174
000175         READ ITREF002
000176
000177         IF  AS-STATUS-F002 NOT EQUAL ZEROS
000178         AND AS-STATUS-F002 NOT EQUAL 10
000179             MOVE 'ITREF002'         TO MSG-ERRO-READ-ARQUIVO
000180             MOVE AS-STATUS-F002     TO MSG-ERRO-READ-STATUS
000181             DISPLAY MSG-ERRO-READ
000182             PERFORM 9000-CANCELA
000183         END IF
000184
000185     END-PERFORM
000186
```

```
000187    PERFORM 2300-TOTAL
000188    .
000189 2000-PROCESSA-EXIT.
000190    EXIT.
000191
000192******************************************************************
000193*                    IMPRIME LINHA DETALHE                        *
000194******************************************************************
000195 2100-DETALHE              SECTION.
000196
000197    MOVE F002-EMPRESA           TO REL01-LD01-EMPRESA
000198    MOVE F002-MATRICULA         TO REL01-LD01-MATRICULA
000199    MOVE F002-NOME              TO REL01-LD01-NOME
000201    MOVE F002-SALARIO           TO REL01-LD01-SALARIO
000202
000203    MOVE REL01-DETALHE-01       TO REG-OTRE0001
000204
000205    WRITE REG-OTRE0001
000206
000207    ADD 1                       TO AC-LINHA
000208    ADD 1                       TO AC-QTD-FUN
000209    ADD F002-SALARIO            TO AC-TOTAL-SAL
000210    .
000211 2100-DETALHE-EXIT.
000212    EXIT.
000213******************************************************************
000214*                    IMPRIME CABECALHO                            *
000215******************************************************************
000216 2200-CABECALHO             SECTION.
000217
000218    ADD 1                       TO AC-PAGINA
000219
000220    MOVE AC-PAGINA              TO REL01-CB01-PAG
000221
000222    WRITE REG-OTRE0001 FROM REL01-CABECALHO-01 AFTER PAGE
000223    WRITE REG-OTRE0001 FROM REL01-CABECALHO-02
000224    WRITE REG-OTRE0001 FROM REL01-CABECALHO-03
000225
000226
000227    MOVE 4                      TO AC-LINHA
000228    .
000229 2200-CABECALHO-EXIT.
000230    EXIT.
000231
000232******************************************************************
```

```
000233*                    IMPRIME TOTAL                    *
000234**********************************************************
000235 2300-TOTAL              SECTION.
000236
000237     MOVE AC-QTD-FUN    TO REL01-LT01-QTD-FUN
000238     MOVE AC-TOTAL-SAL  TO REL01-LT01-TOT-SAL
000239
000240     WRITE REG-OTRE0001 FROM REL01-TOTAL-01 AFTER 2
000241         .
000242 2300-TOTAL-EXIT.
000243     EXIT.
000244
000245**********************************************************
000246*         F  I  N  A  L  I  Z  A                          *
000247**********************************************************
000248 3000-FINALIZA              SECTION.
000249
000250     CLOSE ITREF002
000251     CLOSE OTRE0001
000252
000253     DISPLAY 'TERMINO NORMAL'
000254         .
000255 3000-FINALIZA-EXIT.
000256     EXIT.
000257
000258**********************************************************
000259*         F  I  M    A  N  O  R  M  A  L                  *
000260**********************************************************
000261 9000-CANCELA              SECTION.
000262
000263     CLOSE ITREF002
000264     CLOSE OTRE0001
000265
000266     DISPLAY 'TERMINO ANORMAL'
000267
000268     GOBACK
000269         .
000270 9000-CANCELA-EXIT.
000271     EXIT.
```

Exercícios Propostos

Programa TRE0026 – Construir um algoritmo que leia o arquivo não classificado, de movimentação dos caixas automáticos do Banco ABC e emita um relatório conforme o layout a seguir classificado por agência e conta corrente.

```
BANCO ABC                                              PAGINA  1
              RELATORIO DE SAQUES NO CAIXA AUTOMATICO
-----------------------------------------------------------------

    AGENCIA      CONTA CORRENTE       HORA           VALOR

      002          20207-7           10:20           30,00
      022          21150-8           10:50           40,00
      045          21160-5           12:56          100,00
      056          22567-4           11:30          150,00
      067          23450-1           14:45           80,00
      067          24150-8           13:17           20,00
      069          25789-9           15:30           10,00
```

```
BANCO ABC                                              PAGINA  n
              RELATORIO DE SAQUES NO CAIXA AUTOMATICO
-----------------------------------------------------------------

    AGENCIA      CONTA CORRENTE       HORA           VALOR

      086          26789-1           11:20           30,00
      087          26888-2           10:58          140,00
      088          27169-3           09:56          230,00
      186          27657-4           11:37          150,00
      245          28003-5           12:45          120,00
      245          29987-6           17:47          140,00
      300          29993-7           10:30           20,00

                                     TOTAL       1.260,00
```

PROGRAMA TRE0027 – Uma companhia telefônica deseja calcular as contas telefônicas mensais de seus assinantes através do computador. A cobrança de contas telefônicas é feita obedecendo ao seguinte critério:

Assinatura Básica:

Telefone Residencial: R$ 43,73

Telefone Comercial: R$ 55,84

Valor do pulso que exceder a franquia de 90 pulsos mensais: R$ 0,05

Sobre o serviço interurbano incide a alíquota de 25% sobre o valor total

O serviço despertador custa R$ 1,43 por uso.

Existe um registro por assinante, com os seguintes dados sem classificação:

Número do telefone

Tipo do terminal telefônico (1=Residencial, 2=Comercial)

Número total de pulsos no mês

Valor total de interurbanos

Número de usos do serviço despertador

Para cada assinante, calcular o total de sua fatura, imprimindo o número do telefone e total da fatura classificado por número de telefone.

Capítulo 11

Acesso ao Banco de Dados

Historicamente, os ambientes de grande porte Mainframe armazenaram os dados dos sistemas aplicativos em arquivos de diversos tipos (Arquivos seqüenciais, Arquivos VSAM, dentre outros). Porém, esta armazenagem sempre carecia de uma organização aceitável. Havia muita dificuldade para recuperação e manipulação dos dados e, principalmente a grande dificuldade em acomodar alterações nas estruturas desses arquivos. Considerando que os sistemas de grande porte sofrem manutenções muito freqüentes, essa dificuldade afetava muito o prazo e qualidade das alterações.

Com o surgimento dos bancos de dados relacionais, os dados passaram a ser armazenados, na maioria das empresas, no Banco de Dados DB2. Com isso, as informações foram organizadas segundo a metodologia de normalização dos dados e diminuíram os problemas de manutenção no banco.

Um programa COBOL passou a acessar as tabelas utilizando instruções SQL como em linguagens e bancos de dados de plataforma baixa. Pode-se utilizar os comandos básicos do SQL (Select, Insert, Update e Delete) com todas as suas variações.

A seguir apresentamos os principais tipos de acessos ao banco de dados de um programa COBOL.

11.1. LEITURA DE VÁRIAS LINHAS DE UMA TABELA

Quando se deseja fazer a leitura de várias linhas de uma ou mais tabelas (join), é preciso criar um arquivo temporário que na linguagem COBOL damos o nome do Cursor. É neste arquivo chamado Cursor que são armazenadas as linhas retornadas de um comando Select. Na Working-Storage Section fazemos a declaração do Cursor com a instrução Select e na Procedure Division colocamos uma estrutura de leitura com abertura, leitura de cada linha retornada e fechamento do Cursor.

A seguir apresentamos um modelo de programa com a estrutura de leitura de uma tabela com um Select que retorna várias linhas. Suponha a leitura da seguinte tabela:

Nome do Sistema: TRE
Nome da Tabela: FUNCIONARIO
Sigla da Tabela: FUN

Colunas	Características
FUN-NUM-MATRIC	PIC 9(005)
FUN-NOME-FUNC	PIC X(050)
FUN-CD-CARGO	PIC 9(002)

```
          1         2         3         4         5         6         7
1234567890123456789012345678901234567890123456789012345678901234567890 12
000001 ID DIVISION.
000002 PROGRAM-ID. TRE0028.
000003**************************************************************
000004*        SISTEMA  . . . . . . . . . . TRE - TREINAMENTO        *
000005*        ANALISTA . . . . . . . . . . JAIME WOJCIECHOWSKI      *
000006*        PROGRAMADOR  . . . . . . . . JAIME WOJCIECHOWSKI      *
000007*        DATA . . . . . . . . . . . . AGOSTO/2007              *
000008*        FUNCAO . . . . . . . . . . . EXEMPLO DE CURSOR        *
000009**************************************************************
000010 ENVIRONMENT DIVISION.
000011
000012 CONFIGURATION SECTION.
000013
000014 SPECIAL-NAMES.
000015     DECIMAL-POINT IS COMMA.
000024
000025 DATA DIVISION.
000035
000036 WORKING-STORAGE SECTION.
000037
000038
000046
000047 01 MSG-ERRO-OPEN.
000048     05 FILLER                            PIC X(039)    VALUE
000049        'ERRO NA ABERTURA DO CURSOR COM SQLCODE '.
000053     05 MSG-ERRO-OPEN-SQLCODE             PIC -------9   VALUE ZEROS.
000054
000047 01 MSG-ERRO-FETCH.
000048     05 FILLER                            PIC X(038)    VALUE
```

```
000049            'ERRO NA LEITURA DO CURSOR COM SQLCODE '.
000053       05 MSG-ERRO-FETCH-SQLCODE         PIC -------9  VALUE ZEROS.
000054
000047 01 MSG-ERRO-CLOSE.
000048       05 FILLER                          PIC X(041)   VALUE
000049            'ERRO NO FECHAMENTO DO CURSOR COM SQLCODE '.
000053       05 MSG-ERRO-CLOSE-SQLCODE         PIC -------9  VALUE ZEROS.
000054
000055***********************************************************
000056* VARIAVEIS HOST                                           *
000057***********************************************************
000058 01 FILLER                                PIC X(008)   VALUE 'VARIAVEL'.
000059
000060       EXEC SQL
000061            INCLUDE SQLCA
000062       END-EXEC.
000063
000064       EXEC SQL
000065            INCLUDE TREDFUN
000066       END-EXEC.
000067***********************************************************
000068*      AREA DE DECLARACAO DE CURSORES                      *
000069***********************************************************
000070
000071       EXEC SQL DECLARE TREFUN01 CURSOR FOR
000072            SELECT  FUN_NUM_MATRIC,
000073                    FUN_NOME_FUNC
000074            FROM    TRE.FUNCIONARIO
000075            WHERE   FUN_CD_CARGO = :FUN-CD-CARGO
000076            ORDER BY FUN_NOME_FUNC
000077       END-EXEC.
000078
000079 PROCEDURE DIVISION.
000080
000081       PERFORM 1000-INICIALIZA
000082
000083       PERFORM 2000-PROCESSA
000084
000085       PERFORM 3000-FINALIZA
000086
000087       GOBACK.
```

```
000088************************************************************
000089*           I  N  I  C  I  A  L  I  Z  A                    *
000090************************************************************
000091 1000-INICIALIZA                SECTION.
000092
000093     MOVE 10  TO FUN-CD-CARGO
000094
000095     EXEC SQL
000096         OPEN TREFUNO1
000097     END-EXEC
000098
000099     IF SQLCODE              NOT EQUAL ZEROS
000100        MOVE SQLCODE TO MSG-ERRO-OPEN-SQLCODE
000101        DISPLAY MSG-ERRO-OPEN
000102        PERFORM 9000-CANCELA
000103     END-IF
000104
000105     .
000106 1000-INICIALIZA-EXIT.
000107     EXIT.
000108
000109************************************************************
000110*           P  R  O  C  E  S  S  A                          *
000111************************************************************
000112 2000-PROCESSA                  SECTION.
000113
000114     EXEC SQL
000115         FETCH  TREFUNO1
000116         INTO   :FUN-NUM-MATRIC,
000117                :FUN-NOME-FUNC
000118     END-EXEC
000119
000120     IF  SQLCODE             NOT EQUAL ZEROS
000121     AND SQLCODE             NOT EQUAL 100
000122        MOVE SQLCODE TO MSG-ERRO-FETCH-SQLCODE
000123        DISPLAY MSG-ERRO-FETCH
000124        PERFORM 9000-CANCELA
000125     END-IF
000126
000127     PERFORM UNTIL SQLCODE = 100
000128
000129        DISPLAY 'MATRICULA FUNCIONARIO ' FUN-NUM-MATRIC
000130        DISPLAY 'NOME FUNCIONARIO ' FUN-NOME-FUNC
```

```
000131
000132      EXEC SQL
000133           FETCH TREFUNO1
000134              INTO :FUN-NUM-MATRIC,
000135                   :FUN-NOME-FUNC
000136      END-EXEC
000137
000138      IF SQLCODE            NOT EQUAL ZEROS
000139      AND SQLCODE           NOT EQUAL 100
000140          MOVE SQLCODE TO MSG-ERRO-FETCH-SQLCODE
000141          DISPLAY MSG-ERRO-FETCH
000142          PERFORM 9000-CANCELA
000143      END-IF
000144
000145      END-PERFORM
000147      .
000148 2000-PROCESSA-EXIT.
000149      EXIT.
000150
000151*********************************************************
000152*           F I N A L I Z A                              *
000153*********************************************************
000154 3000-FINALIZA              SECTION.
000155
000156      EXEC SQL
000157           CLOSE TREFUNO1
000158      END-EXEC
000159
000160      IF SQLCODE            NOT EQUAL ZEROS
000161          MOVE SQLCODE TO MSG-ERRO-CLOSE-SQLCODE
000162          DISPLAY MSG-ERRO-CLOSE
000163          PERFORM 9000-CANCELA
000164      END-IF
000165
000166      DISPLAY 'TERMINO NORMAL'
000167      .
000168 3000-FINALIZA-EXIT.
000169      EXIT.
000170*********************************************************
000171*           F I M   A N O R M A L                        *
000172*********************************************************
000173 9000-CANCELA       SECTION.
000174
000175 '    DISPLAY 'TERMINO ANORMAL'
```

```
000176
000177     GOBACK
000178     .
000179 9000-CANCELA-EXIT.
000180     EXIT.
```

Das linhas 60 a 66 foi colocado o comando INCLUDE que insere áreas de salvamento na working do programa.

O INCLUDE SQLCA insere áreas de controle que o DB2 utiliza para executar seus comandos.

Já o TREDFUN contém todos os campos da tabela FUNCIONARIO(FUN) que serão referenciadas nos comandos de leitura/atualização da tabela. Este Include é gerado no momento da criação da tabela no banco. Deve-se colocar um Include para cada tabela utilizada no programa. Segue o conteúdo do TREDFUN:

```
    EXEC SQL DECLARE TRE.FUNCIONARIO
        (
            FUN_NUM_MATRIC           DECIMAL (5, 0),
            FUN_NOME_FUNC            CHAR (50)
        )
        END-EXEC.


    01  DCLFUNCIONARIO.
        03 FUN-NUM-MATRIC            PIC S9(5)V COMP-3.
        03 FUN-NOME-FUNC             PIC X(50).
```

Das linhas 67 a 77 foi declarado o Cursor TREFUN01 com o Select na tabela Funcionário. Declaram-se quantos cursores se desejar, um para cada leitura que seja necessária no programa. O nome do cursor é uma sugestão, os três primeiros caracteres indicam a sigla do sistema ao qual pertence a tabela, em seguida temos a sigla da tabela que o cursor faz o Select e os dois últimos são um número seqüencial para os cursores.

Das linhas 95 a 103 faz-se a abertura do Cursor.

Das linhas 113 a 145 foi colocada uma estrutura de leitura onde o primeiro comando FETCH faz a leitura da primeira linha do Cursor, na seqüência faz-se um Perform até que seja fim da leitura (sqlcode=100).

Das linhas 156 a 164 usa-se o comando CLOSE para fechar o Cursor.

11.2. Leitura de uma Única Linha de uma Tabela

Quando se deseja fazer a leitura de uma única linha de uma tabela (leitura pela chave primária ou quando se tem certeza que o Select só retornará uma única linha), não é necessário criar um Cursor, basta colocar o comando Select diretamente na Procedure Division, como segue:

```
PROCEDURE                DIVISION.

    MOVE 312   TO FUN-NUM-MATRIC

    EXEC SQL
        SELECT  FUN_NOME_FUNC
        INTO   :FUN-NOME-FUNC
        FROM   TRE.FUNCIONARIO
        WHERE  FUN_NUM_MATRIC  = :FUN-NUM-MATRIC
    END-EXEC
    IF  SQLCODE             NOT EQUAL  ZEROS
        MOVE SQLCODE  TO   MSG-ERRO-SELECT-SQLCODE
        DISPLAY MSG-ERRO-SELECT
        PERFORM 9000-CANCELA
    END-IF

    DISPLAY 'NOME FUNCIONARIO ' FUN-NOME-FUNC
```

11.3. INCLUSÃO DE LINHAS EM UMA TABELA

A inclusão de linhas funciona como em outras linguagens de programação, com a utilização do comando SQL Insert. Exemplo:

```
MOVE 10                        TO   FUN-NUM-MATRIC
MOVE 'FULANO DE TAL'           TO   FUN-NOME-FUNC
MOVE 200                       TO   FUN-CD-CARGO

EXEC SQL
    INSERT   INTO TRE.FUNCIONARIO
             (FUN_NUM_MATRIC,
             FUN_NOME_FUNC,
             FUN_CD_CARGO)
    VALUES  (:FUN-NUM-MATRIC,
             :FUN-NOME-FUNC,
             :FUN-CD-CARGO)
END-EXEC
```

11.4. ATUALIZAÇÃO EM LINHAS DE UMA TABELA

Para a atualização utiliza-se o comando SQL Update.

EXEMPLO 1 – Update em uma coluna selecionando linhas com uma condição:

```
MOVE 10                                TO   FUN-NUM-MATRIC
MOVE 'FULANO DE TAL ALTERADO'          TO   FUN-NOME-FUNC

EXEC SQL
    UPDATE TRE.FUNCIONARIO
        SET FUN_NOME_FUNC    = :FUN-NOME-FUNC
        WHERE FUN_NUM_MATRIC = :FUN-NUM-MATRIC
END-EXEC
```

EXEMPLO 2 – Update em várias colunas selecionando linhas com uma condição:

```
MOVE 10                         TO  FUN-NUM-MATRIC
MOVE 'FULANO DE TAL ALTERADO'   TO  FUN-NOME-FUNC
MOVE 200                        TO  FUN-CD-CARGO

EXEC SQL
    UPDATE TRE.FUNCIONARIO
    SET FUN_NOME_FUNC    = :FUN-NOME-FUNC,
        FUN_CD_CARGO     = :FUN-CD-CARGO
    WHERE FUN_NUM_MATRIC = :FUN-NUM-MATRIC
END-EXEC
```

EXEMPLO 3 – Update em uma linha que acabou de ser lida em um Cursor

```
MOVE 'FULANO DE TAL ALTERADO'   TO  FUN-NOME-FUNC
MOVE 200                        TO  FUN-CD-CARGO

EXEC SQL
    UPDATE TRE.FUNCIONARIO
    SET FUN_NOME_FUNC  = :FUN-NOME-FUNC,
        FUN_CD_CARGO   = :FUN-CD-CARGO
    WHERE CURRENT OF TREFUNO1
END-EXEC
```

11.5. EXCLUSÃO DE LINHAS DE UMA TABELA

Para a atualização utiliza-se o comando SQL Delete.

EXEMPLO 1

```
MOVE 10  TO  FUN-CD-CARGO

EXEC SQL
     DELETE FROM TRE.FUNCIONARIO
         WHERE FUN_CD_CARGO = :FUN-CD-CARGO
END-EXEC
```

EXERCÍCIO PROPOSTO

PROGRAMA TRE0029 – Baseado na especificação a seguir, fazer um programa que gera relatório com o Movimento de Lojas de Financiamentos.

DESCRIÇÃO

Gerar relatório com o Movimento de Lojas

ARQUIVOS

OTREF001 - Relatório

TABELAS DB2

Nome externo da tabela	MOVTO_LOJA
Nome interno da tabela	MLJ
Descrição da tabela	Movimento das Lojas
Tipo do acesso à tabela	INPUT (entrada)
Copybook da área de dados (DCLGEN)	TREDMLJ

```
01 DCLMOVTO_LOJA.
   10 MLJ-DT-MOV       PIC X(10).
   10 MLJ-CD-LOJA      PIC S9(7)V USAGE COMP-3.
   10 MLJ-VL-RECEB     PIC S9(13)V9(2) USAGE COMP-3.
   10 MLJ-VL-PAGO      PIC S9(13)V9(2) USAGE COMP-3.
```

Obs.: As datas no banco de dados são armazenadas no formato AAAA-MM-DD

Nome externo da tabela	LOJA
Nome interno da tabela	LOJ
Descrição da tabela	Cadastro das Lojas
Tipo do acesso à tabela	INPUT (entrada)
Copybook da área de dados (DCLGEN)	TREDLOJ

```
01 DCLLOJA.
   10 LOJ-CD-LOJA      PIC 9(009).
   10 LOJ-NOME-LOJA    PIC X(050).
```

Nome externo da tabela	CONTRATO
Nome interno da tabela	CTR
Descrição da tabela	Contrato das Lojas
Tipo do acesso à tabela	INPUT (entrada)
Copybook da área de dados (DCLGEN)	TREDCTR

```
01 DCLCONTRATO.
   10 CTR-CD-LOJA      PIC 9(009).
   10 CTR-NR-CTR       PIC 9(005).
   10 CTR-DT-INI-VIG   PIC X(010).
   10 CTR-DT-FIM-VIG   PIC X(010).
   10 CTR-V-LIM-CTR    PIC 9(009)V99.
```

RELATÓRIO

```
RELATORIO DO MOVIMENTO DAS LOJAS              DD/MM/AAAA  PAGINA: 999

LOJA                VALOR RECEBIDO   VALOR PAGO       VALOR LIMITE     VALOR EXCEDIDO
XXXXXXXXXXXXXXXXXX  ZZZ.ZZZ.ZZ9,99   ZZZ.ZZZ.ZZ9,99   ZZZ.ZZZ.ZZ9,99   ZZZ.ZZZ.ZZ9,99
XXXXXXXXXXXXXXXXXX  ZZZ.ZZZ.ZZ9,99   ZZZ.ZZZ.ZZ9,99   ZZZ.ZZZ.ZZ9,99   ZZZ.ZZZ.ZZ9,99
XXXXXXXXXXXXXXXXXX  ZZZ.ZZZ.ZZ9,99   ZZZ.ZZZ.ZZ9,99   ZZZ.ZZZ.ZZ9,99   ZZZ.ZZZ.ZZ9,99
XXXXXXXXXXXXXXXXXX  ZZZ.ZZZ.ZZ9,99   ZZZ.ZZZ.ZZ9,99   ZZZ.ZZZ.ZZ9,99   ZZZ.ZZZ.ZZ9,99
XXXXXXXXXXXXXXXXXX  ZZZ.ZZZ.ZZ9,99   ZZZ.ZZZ.ZZ9,99   ZZZ.ZZZ.ZZ9,99   ZZZ.ZZZ.ZZ9,99

TOTAL               ZZZ.ZZZ.ZZ9,99   ZZZ.ZZZ.ZZ9,99                    ZZZ.ZZZ.ZZ9,99
```

DESCRIÇÃO DO PROCESSAMENTO

```
<FLUXO PRINCIPAL>
CHAMAR    <1000-INICIALIZA>
CHAMAR    <2000-PROCESSA>
CHAMAR    <3000-FINALIZA>

<1000-INICIALIZA>
Carregar data do dia No formato AAMMDD

Abrir arquivo OTREF001


<2000-PROCESSA>
Ler tabela MOVTO-LOJA
Com MLJ-DT-MOV = Data do dia
Para cada registro lido
    Ler tabela LOJA
    Com LOJ-CD-LOJA = MLJ-CD-LOJA

    Ler tabela CONTRATO
    Com CTR-CD-LOJA = MLJ-CD-LOJA
     E  CTR-DT-INI-VIG <= MLJ-DT-MOV
     E  CTR-DT-FIM-VIG >= MLJ-DT-MOV

        Gravar relatório com Loja            = LOJ-NOME-LOJA
                             Valor Recebido  = MLJ-VLR-RECEB
                             Valor Pago      = MLJ-VLR-PAGO
                             Valor Excedido  = MLJ-VLR-RECEB
                                              - CTR-VLR-LIM-CTR

<3000-FINALIZA>>
Gravar linha de Total
Fechar arquivo OTREF001
```

PROGRAMAÇÃO ON-LINE – COBOL CICS - COMANDOS

Capítulo 12 - Programação On-line – COBOL CICS - Comandos ◊ 143

Até este capítulo o tipo de programação utilizado é conhecido como Programação Batch. Neste tipo de programação não há interação com um usuário através de uma tela, os programas iniciam, realizam uma determinada tarefa e produzem o resultado esperado.

Para utilizarmos o tipo de programação on-line, onde ocorre uma interação com um usuário através de uma tela, temos que acrescentar novos comandos e estruturas de programação na linguagem. A linguagem que trabalha com o tipo de programação on-line é conhecida como COBOL CICS.

O CICS é um monitor de transações on-line. Recebe solicitações de diversas plataformas, executa uma função e devolve uma resposta. Essas transações são programadas com essa linguagem.

Na seqüência, iremos conhecer os principais comandos e estruturas da linguagem COBOL CICS responsáveis pelas transações on-line. Esses comandos são colocados normalmente num programa COBOL.

12.1. RECURSOS DO CICS

O CICS gerencia recursos. Os principais são:

TRANSAÇÃO – Código de 4 bytes que indica qual programa deve ser executado. Uma transação deve ser cadastrada no CICS e associada a um determinado programa COBOL CICS. O CICS inicia a execução de um programa através da execução da sua transação.

TASK – É a execução de uma transação. Podem existir várias tasks de uma transação sendo executadas em um determinado momento.

PROGRAMAS – São os programas construídos e executados na linguagem.

MAPA – São as telas que os programas manipulam.

ARQUIVOS – O CICS gerencia arquivos do tipo VSAM.

12.2. FORMATO DE UM COMANDO CICS

```
EXEC CICS <COMANDO>  <OPÇÃO 1 DO COMANDO>  (<ARGUMENTO>)
                     <OPÇÃO 2 DO COMANDO>  (<ARGUMENTO>)
                     <OPÇÃO N DO COMANDO>  (<ARGUMENTO>)
END-EXEC
```

Um comando CICS deve ficar entre os delimitadores EXEC CICS e END-EXEC

EXEMPLO DE UM COMANDO CICS:

```
EXEC CICS LINK  PROGRAM   (AS-TREP001)
                COMMAREA  (LG-TREP001)
END-EXEC
```

O comando LINK faz uma chamada a um outro programa COBOL CICS. Neste exemplo a opção 1 do comando é o PROGRAM que tem como argumento o nome do programa chamado (AS-TREP001) e a opção 2 COMMAREA que tem como argumento a área da working que está sendo passada como parâmetro ao programa TREP001.

Veja a seguir os principais comandos separados em grupos:

- Comandos Gerais;
- Comandos para Manipular Telas;
- Comandos para Chamar Programas;
- Comandos para Manipular TS;
- Comandos para Tratamento de Erros.

12.3. COMANDOS GERAIS

12.3.1. COMANDO ASSIGN

Comando que busca algumas informações de ambiente.

```
EXEC CICS ASSIGN <USERID()>
                 <APPLID()>
                 ...
     END-EXEC
```

EXEMPLO:

```
WORKING-STORAGE SECTION.

01  AREA-SALVAMENTO.
    05  AS-USER        PIC  X(008).
    05  AS-APPLID      PIC  X(008).
.
.
PROCEDURE DIVISION.

    EXEC CICS ASSIGN USERID (AS-USER)
    END-EXEC
```

Neste exemplo, USERID é a opção que busca o código do usuário que se logou no sistema e armazena o seu conteúdo na variável AS-USER.

12.3.2. ASKTIME

Busca a data e hora atual do sistema.

```
EXEC CICS ASKTIME
                  ABSTIME(AS-..)
     END-EXEC
```

12.3.3. FORMATTIME

Formata a data e hora retornada pelo comando ASKTIME. Neste comando, na opção ABSTIME deve ser colocada a área de salvamento utilizada no comando ASKTIME. Em seguida deve ser escolhido um formato para a data e um caractere que será usado como separador (DATESEP e TIMESEP) para dia, mês, ano, hora e minuto.

```
         EXEC CICS FORMATTIME ABSTIME(AS-...)
                             <YYMmdd(AS-...)>

                             <YYDDMm(AS-...)>
                             <DDMMYY(AS-...)>
                             <MMDDYY(AS-...)>
                             <YYYYDDD(AS-...)>
                             <YYYYMmdd(AS-...)>
                             <YYYYDDMm(AS-...)>
                             <DDMMYYYy(AS-...)>
                             ...
                             <DATESEP('/')>
                             <TIMESEP(':')>
         END-EXEC
```

Exemplo:

```
        WORKING-STORAGE SECTION.
        .
        01  AREA-SALVAMENTO.
            05  AS-ABSTIME    PIC S9(015) COMP-3.
            05  AS-DATA       PIC X(010).
            05  AS-HORA       PIC X(008).
        .
        PROCEDURE DIVISION.
        .
            EXEC CICS         ASKTIME
                              ABSTIME   (AS-ABSTIME)
            END-EXEC

            EXEC CICS         FORMATTIME ABSTIME  (AS-ABSTIME)
                                         DDMMYYYY (AS-DATA)
                                         TIME     (AS-HORA)
                                         DATESEP  ('/')
                                         TIMESEP  (':')
            END-EXEC
```

12.3.4. RETURN

Encerra a execução de um programa COBOL CICS. Tem a opção de iniciar uma nova transação.

```
EXEC CICS   RETURN
                <Transid()>
END-EXEC
```

EXEMPLO 1 – Encerra um programa

```
WORKING-STORAGE SECTION.
.
PROCEDURE DIVISION.
.
        EXEC CICS    RETURN
        END-EXEC
```

EXEMPLO 2 – Encerra um programa e inicia a transação ABCD

```
WORKING-STORAGE SECTION.
.
PROCEDURE DIVISION.
.
        EXEC CICS    RETURN
                     TRANSID ('ABCD')
        END-EXEC
```

12.4. COMANDOS PARA MANIPULAR TELAS

12.4.1. SEND

Faz a apresentação de uma tela.

Opções:

MAP – Nesta opção coloca-se o nome da tela que se deseja apresentar.

MAPSET – Um Mapset é um conjunto de telas. Nesta opção coloca-se o nome deste Mapset.

FROM – Conteúdo da tela. Coloca-se uma área de working contendo os dados da tela.

ERASE – Esta opção faz com que a tela seja limpa antes da apresentação da tela desejada.

CURSOR – Faz com que o Cursor seja colocado no campo que foi especificado no programa.

FREEKB – Faz com que o teclado seja liberado para digitação após a apresentação da tela.

```
         EXEC CICS      SEND
                        MAP       (Nome da Tela)
                        MAPSET    (Nome do Mapset)
                        FROM      (Dados da Tela)
                        < ERASE >
                        < CURSOR >
                        < FREEKB >
         END-EXEC
```

EXEMPLO

```
         WORKING-STORAGE SECTION.
         .
                  COPY TREM001.
         .
         PROCEDURE DIVISION.
         .
                        EXEC CICS SEND
                                  MAP       ('TRET001')
                                  MAPSET    ('TREM001')
                                  FROM      (TRET0010)
                                  ERASE
                                  FREEKB
                        END-EXEC
```

Neste exemplo foi colocado o comando COPY na working. O módulo TREM001 que será incorporado à working contém os campos da tela.

Capítulo 12 - Programação On-line – COBOL CICS - Comandos ◊ 149

Possíveis erros do comando SEND:

INVREQ - Os dados que estão sendo passados para a tela não coincidem com as definições especificadas no Mapset.

OVERFLOW - Ocorre quando a tela a ser apresentada é maior que o tamanho do terminal.

12.4.2. RECEIVE

Faz a recepção dos dados digitados numa tela.

```
EXEC CICS        RECEIVE
                 MAP      (Nome da Tela)
                 MAPSET   (Nome do Mapset)
                 INTO     (Dados da Tela)
END-EXEC
```

EXEMPLO:

```
WORKING-STORAGE SECTION.
.
COPY TREM001.
.
PROCEDURE DIVISION.
.
    EXEC CICS        RECEIVE
                     MAP      ('TRET001')
                     MAPSET   ('TREM001')
                     INTO     (TRET0010)
    END-EXEC
.
.
```

Possíveis erros do comando RECEIVE:

INVREQ - Ocorre quando se está dando Receive em uma Task que não está associada a um terminal.

MAPFAIL - Ocorre quando nenhum dado é preenchido na tela (telas de consulta). Lembrar de sempre colocar pelo menos um campo na tela para ser transmitido.

12.5. COMANDOS PARA CHAMAR PROGRAMAS

12.5.1. LINK

Comando utilizado para chamar um outro programa CICS. Ao final da execução do programa chamado, o controle volta para o próximo comando após o LINK no programa chamador. Equivale ao comando CALL do COBOL Batch.

```
EXEC CICS  LINK
           PROGRAM      (Nome do Programa)
           COMMAREA     (Parâmetros)
END-EXEC
```

Possíveis erros do comando LINK:

PGMIDERR - Ocorre quando o programa chamado não existe no CICS.

EXEMPLO:

```
WORKING-STORAGE SECTION.

01       AREAS-DE-SALVAMENTO.

         05   AS-TREP002      PIC X(008)  VALUE 'TREP002'.

         05   AS-DADOS.
              10   AS-NUM-CPF  PIC 9(011)  VALUE 11111111111.
              10   AS-NOME     PIC X(040)  VALUE 'FULANO DE TAL'.

PROCEDURE DIVISION.

         EXEC CICS LINK
                   PROGRAM          (AS-TREP002)
                   COMMAREA         (AS-DADOS)
         END-EXEC
```

12.5.2. XCTL

Equivale ao LINK, porém, ao final da execução do programa chamado, o controle não retorna ao chamador e sim ao programa que emitiu o último comando LINK. Caso não tenha ocorrido chamada com o comando LINK, a transação é encerrada.

```
EXEC CICS  XCTL
           PROGRAM  (Nome do Programa)
           COMMAREA (Parâmetros)
END-EXEC
```

Possíveis erros do comando XCTL:

PGMIDERR - Ocorre quando o programa chamado não existe no CICS.

EXEMPLO:

```
        WORKING-STORAGE SECTION.
        .
        01      AREAS-DE-SALVAMENTO.

                05  AS-TREP002      PIC X(008) VALUE 'TREP002'.

                05  AS-DADOS.
                    10  AS-NUM-CPF  PIC 9(011) VALUE 11111111111.
                    10  AS-NOME *   PIC X(040) VALUE 'FULANO DE TAL'.
        .
        PROCEDURE DIVISION.
        .
                EXEC CICS XCTL
                          PROGRAM   (AS-TREP002)
                          COMMAREA  (AS-DADOS)
                END-EXEC
```

Comparação entre LINK e XCTL:

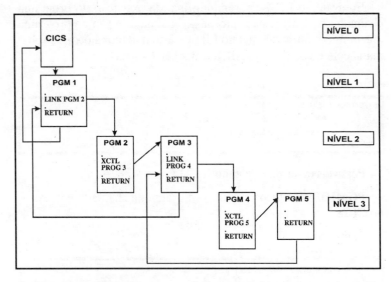

Este esquema mostra como é o retorno do programa chamado no caso de utilização dos comandos LINK e XCTL.

Temos no Nível 0, o CICS que inicia a transação. Digamos que o CICS iniciou uma transação associada ao PGM 1, este programa chama o PGM 2 com LINK que chama o PGM 3 com XCTL que chama o PGM 4 com LINK que chama o PGM 5 com XCTL.

Vejamos o funcionamento do retorno do PGM 5. Como ele foi chamado com XCTL, o controle não retorna ao PGM 4 que emitiu um XCTL e sim ao último programa que emitiu um LINK, no caso o PGM 3. Quando o PGM 3 encerra, não retorna ao PGM 2 que emitiu um XCTL e sim ao PGM 1 que emitiu um LINK. Quando o PGM 1 encerra, retorna ao CICS.

Detalhes de um programa chamado:

A passagem de parâmetros entre programas chamados com os comandos LINK e XCTL ocorre numa área chamada COMMA-

REA. Esta área, que deve estar na Working do programa chamador, é compartilhada com o programa chamado e deve ser mapeada na sua Linkage Section.

A seguir segue um exemplo da Linkage Section de um programa chamado:

```
WORKING-STORAGE    SECTION.

LINKAGE            SECTION.

01  DFHCOMMAREA.
    05  LK-NUM-CPF     PIC  9(011).
    05  LK-NOME        PIC  X(040).


PROCEDURE DIVISION.

    IF  LK-NUM-CPF EQUAL ZEROES

    ELSE
        MOVE LK-NOME  TO CAMPO-TELA
    END-IF
```

12.5.3. START

Executa um programa associado à uma determinada transação.

```
EXEC CICS START
           TRANSID    (Código da Transação)
           FROM       (Parâmetros)
           TERMID     (Terminal)
END-EXEC
```

TRANSID – Código da transação que se deseja executar.

FROM – Dados definidos na Working-Storage que serão passados como parâmetro.

TERMID – Código do terminal que a transação irá iniciar.

Possíveis erros do comando START:

TRANSIDERR - Ocorre quando a transação chamada não existe no CICS.

TERMIDERR - Ocorre quando o terminal não existe no CICS.

EXEMPLO:

```
       WORKING-STORAGE SECTION.
       .
       01  AREAS-DE-SALVAMENTO.

           05  AS-DADOS.
               10  AS-NUM-CPF      PIC  9(011) VALUE 11111111111.
               10  AS-NOME         PIC  X(040) VALUE 'FULANO DE TAL'.
       .
       .
       PROCEDURE DIVISION.
       .
           EXEC CICS   START
                       TRANSID   ('TRE1')
                       FROM      (AS-DADOS)
                       TERMINAL  (EIBTERMID)
           END-EXEC
```

12.5.4. RETRIEVE

Utilizado para receber os parâmetros passados pelo comando Start. Esse comando deve ser colocado no início do programa chamado.

```
EXEC CICS RETRIEVE
              INTO    (Parâmetros)
END-EXEC
```

Exemplo:

```
WORKING-STORAGE SECTION.
.
01  AREAS-DE-SALVAMENTO.
    05  AS-DADOS.
        10  AS-NUM-CPF     PIC  9(011) VALUE 11111111111.
        10  AS-NOME        PIC  X(040) VALUE 'FULANO DE TAL'.
.
.
PROCEDURE DIVISION.
.
    EXEC CICS     RETRIEVE
                  INTO     (AS-DADOS)
    END-EXEC
.
```

Possíveis erros do comando RETRIEVE:

ENDDATA - Ocorre quando a transação não recebeu parâmetros.

LENGERR - Ocorre quando os tamanhos da área passada e recebida não coincidem.

12.6. Comandos para Manipular TS

Uma TS – Temporary Storage é uma fila temporária criada em memória que existe enquanto o CICS estiver ativo. Nesta fila pode-se incluir e alterar itens que se deseja utilizar durante a execução do programa. Quando o CICS termina a execução, todas as TS são deletadas.

Deve-se ter muito cuidado na utilização de TS, pois como a fila é armazenada em memória, sua má utilização, pode diminuir a performance de todo o CICS. O cuidado que tem que se ter é sempre deletar a TS criada antes do final da execução do programa.

Uma TS deve ser identificada por um nome de até 8 posições e o número máximo de itens deve ser de 32.768.

12.6.1. WRITEQ

Insere um item numa TS.

```
EXEC CICS WRITEQ TS
              QUEUE     (Nome da TS)
              FROM      (Dados)
              ITEM      (Número do Item)
              < REWRITE >
END-EXEC
```

QUEUE – Nesta opção coloca-se o nome da TS.

FROM – Área da Working-Storage com os dados do item.

ITEM – Número do item a ser regravado. Não é necessário informar numa inclusão de item, somente na atualização de um item já existente. A inclusão de um item ocorre sempre no final da fila.

REWRITE – Opcional. Deve ser colocado quando se deseja atualizar um item.

EXEMPLO:

```
    WORKING-STORAGE SECTION.

    05  AS-NOME-TS.
        10  FILLER        PIC  X(003) VALUE 'TRE'.
        10  AS-TERMINAL   PIC  X(004) VALUE SPACES.
        10  FILLER        PIC  X(001) VALUE SPACES.

    05  AS-DADOS-TS.
        10  AS-AGE        PIC  9(003) VALUE 111.
        10  AS-CTA        PIC  9(005) VALUE 11111.
        10  AS-NOME       PIC  X(040) VALUE 'FULANO DE TAL'.
```

Capítulo 12 - Programação On-line – COBOL CICS - Comandos ◊ 157

```
  05  AS-ITEM            PIC 9(003) VALUE ZEROS.
  .
  PROCEDURE DIVISION.
  .
     MOVE EIBTRMID TO AS-TERMINAL

     EXEC CICS    WRITEQ TS
                  QUEUE  (AS-NOME-TS)
                  FROM   (AS-DADOS-TS)
                  ITEM   (AS-ITEM)
     END-EXEC
```

Neste exemplo EIBTRMID contém o código do terminal que se logou. A opção ITEM foi colocada para que o número do item incluído seja colocado na área AS-ITEM.

Possíveis erros do comando WRITEQ:

ITEMERR - Ocorre num Rewrite quando o número especificado para o item não existe ou quando este valor ultrapassa o máximo de 32.768.

QIDERR - Ocorre num Rewrite quando a TS especificada não existe.

12.6.2. READQ

Lê um item de uma TS. O item lido será aquele especificado na opção ITEM.

```
     EXEC CICS    READQ TS

                  QUEUE   (Nome da TS)

                  INTO    (Dados)
                  ITEM    (Número do Item)
     END-EXEC
```

EXEMPLO:

```
WORKING-STORAGE SECTION.

 05  AS-NOME-TS.
     10  FILLER          PIC  X(003) VALUE 'TRE'.
     10  AS-TERMINAL     PIC  X(004).
     10  FILLER          PIC  X(001) VALUE SPACES.

 05  AS-DADOS-TS.
     10  AS-AGE          PIC  9(003) VALUE ZEROS.
     10  AS-CTA          PIC  9(005) VALUE ZEROS.
     10  AS-NOME         PIC  X(040) VALUE SPACES.

 05  AS-ITEM             PIC  9(003) VALUE ZEROS.

PROCEDURE DIVISION.

     MOVE EIBTRMID       TO  AS-TERMINAL
     MOVE 1              TO  AS-ITEM

     EXEC CICS           READQ TS
                         QUEUE (AS-NOME-TS)
                         INTO  (AS-DADOS-TS)
                         ITEM  (AS-ITEM)
     END-EXEC
```

Possíveis erros do comando READQ:

ITEMERR - Ocorre quando não existe o item informado.

QIDERR - Ocorre quando não existe a TS informada.

12.6.3. DELETEQ

Exclui uma TS. Não existe exclusão de item, somente de toda a TS.

```
EXEC CICS      DELETEQ TS
               QUEUE   (Nome da TS)
END-EXEC
```

EXEMPLO:

```
WORKING-STORAGE SECTION.
.
   05  AS-NOME-TS.
       10  FILLER        PIC  X(003) VALUE 'TRE'.
       10  AS-TERMINAL   PIC  X(004).
       10  FILLER        PIC  X(001) VALUE SPACES.
.
PROCEDURE DIVISION.
.
   MOVE EIBTRMID    TO  AS-TERMINAL

   EXEC CICS     DELETEQ TS
                 QUEUE   (AS-NOME-TS)
   END-EXEC
```

Possíveis erros do comando DELETEQ:

QIDERR - Ocorre quando não existe a TS informada.

12.7. COMANDOS PARA TRATAMENTO DE ERROS

Como em qualquer linguagem, na execução de um programa podem ocorrer erros que causem o encerramento anormal do programa. É possível também que um determinado comando CICS produza um erro que deve ser tratado. Para isso o CICS tem comandos para tratamento de encerramento anormal do programa e para tratamento de erros nos comandos.

12.7.1. HANDLE ABEND

Este comando faz o tratamento de encerramento anormal de um programa. Através dele é possível desviar o fluxo de execução do programa para uma determinada Section encarregada de mostrar todas as informações do erro ocorrido. O comando deve ser colocado no início da Procedure Divison.

```
        EXEC CICS      HANDLE ABEND

                       LABEL  (Nome da Section)
        END-EXEC
```

EXEMPLO:

```
        PROCEDURE DIVISION.

                   EXEC CICS HANDLE ABEND
                             LABEL (9999-FIM-ANORMAL)
                   END-EXEC

        ...
        9999-FIM-ANORMAL.
             Tratamento do Abend
```

12.7.2. RESP

Serve para tratamento de erros de comandos CICS. É a maneira de se tratar os possíveis resultados de qualquer comando CICS. O RESP é colocado como uma opção do comando e nele se indica em qual área da Working-Storage Section deve ser colocada a resposta do comando. Logo após o comando pode-se avaliar o conteúdo desta área para se saber o resultado do comando. Funciona de maneira semelhante ao teste do SQLCODE de um comando SQL.

Exemplo do RESP num comando LINK:

```
EXEC CICS LINK PROGRAM (AS-TREP001)
               RESP    (AS-RESP)
END-EXEC

IF AS-RESP NOT EQUAL DFHRESP(NORMAL)
    Erro no comando Link
END-IF
```

Neste exemplo, o resultado da execução do comando LINK é colocado na área AS-RESP (que deve ser definida na working com PIC S9(004)). Logo após o comando o IF testa se o resultado do comando foi NORMAL (resp = 0).

Em todos os comandos CICS explicados até o momento, foram colocados os possíveis erros que poderiam ocorrer no comando. Esses possíveis erros foram escritos em forma de palavras. São essas palavras que devem ser usadas nos parêntesis do DFHRESP no comando IF.

PROGRAMAÇÃO ON-LINE – COBOL CICS – DESENHO DE TELAS

Neste capítulo iremos aprender como desenhar telas no CICS. Apesar de existirem algumas ferramentas para este desenho (por ex.: SDFII da IBM), iremos trabalhar com a forma nativa do CICS para definir as propriedades da tela. Vale lembrar que essas ferramentas que auxiliam no desenho, acabam gerando este documento nativo do CICS que iremos aprender a fabricar.

As propriedades de uma tela são escritas num documento texto chamado Mapset. Um Mapset pode conter informações de várias telas, apesar de ser costume escrever um Mapset para cada tela do sistema. Neste documento são dadas todas as informações da tela como um todo bem como as informações de cada campo criado na tela. Este documento deve ser compilado como se faz com um programa COBOL e é esta compilação que gera um módulo objeto que será carregado sempre que um programa emitir o comando SEND na tela.

13.1. Definição do Mapset

Existem 3 tipos de definições no Mapset:

- DFHMSD – Contém informações que valem para todas as telas definidas no Mapset.

- DFHMDI – Contém informações de uma determinada tela.

- DFHMDF – Contém informações de um determinado campo de uma tela.

Formato do Mapset:

Um Mapset de uma única tela deve conter uma definição do tipo DFHMSD, uma definição do tipo DFHMDI e quantas definições do tipo DFHMDF forem a quantidade de campos da tela. Sua estrutura, então é a seguinte:

```
Mapset   DFHMSD    <cláusula 1>
                   <cláusula 2>
                   <cláusula n>
Tela     DFHMDI    <cláusula 1>
                   <cláusula 2>
                   <cláusula n>
Campo1   DFHMDF    <cláusula 1>
                   <cláusula 2>
                   <cláusula n>
Campo2   DFHMDF    <cláusula 1>
                   <cláusula 2>
                   <cláusula n>
CampoN   DFHMDF    <cláusula 1>
                   <cláusula 2>
                   <cláusula n>
```

Exemplo de tela com o nome do Mapset TREM001 e tela TREP001 contendo os campos T01NOME e T01CPF:

```
TREM001   DFHMSD    TYPE=&SYSPARM,
                    TIOAPFX=YES,
                    CURSLOC=YES,
                    STORAGE=AUTO,
                    CTRL=(FRSET,FREEKB),
                    EXTATT=MAPONLY,
                    LANG=COBOL,
                    MODE=INOUT
TRET001   DFHMDI    DATA=FIELD,
                    SIZE=(024,080)
T01NOME   DFHMDF    POS=(08,041),
                    LENGTH=005,
                    PICIN='X(040)',
```

Capítulo 13 - Programação On-line - COBOL CICS - Desenho de Telas ◊ 167

```
                    PICOUT='X(040)',
                    ATTRB=(PROT,BRT)
T01CPF    DFHMDF    POS=(08,041),
                    LENGTH=005,
                    PICIN='9(011)',
                    PICOUT='9(011)',
                    ATTRB=(PROT,NUM)
TREM001   DFHMSD    TYPE=FINAL
                    END
```

A seguir apresentamos todos os tipos de definições de campos de tela que se pode usar. Nessas definições iremos mostrar como informar se um campo é numérico ou alfanumérico, protegido ou habilitado para digitação, com ou sem brilho, etc.

1) Definição de um campo alfanumérico contendo o texto "NOME DO BANCO", com o atributo protegido e sem brilho. Como este texto somente será apresentado na tela e não será manipulado pelo programa, não foi colocado um nome para o campo, estando o espaço antes do DFHMDF vazio.

```
DFHMDF      POS=(02,019),
            LENGTH=038,
            PICIN='X(038)',
            PICOUT='X(038)',
            ATTRB=(PROT,BRT),
            INITIAL='          NOME DO BANCO'
```

OBS.:

POS = Indica a linha e coluna onde o campo irá iniciar

LENGTH = Indica o tamanho total do campo

PICIN, PICOUT = Picture do campo. Usar como no COBOL. Não usar edição.

ATTRB PROT = Protegido, BRT = Com Brilho

INITIAL = Texto que será apresentado no campo.

2) Definição de um campo variável com o nome CAMPO1, com o atributo protegido e sem brilho.

```
CAMPO1  DFHMDF POS=(01,058),
               LENGTH=003,
               PICIN='X(003)',
               PICOUT='X(003)',
               ATTRB=(PROT)
```

ATTRB   PROT=Protegido

3) Definição de um campo variável com o nome CAMPO2, com o atributo protegido e com brilho.

```
CAMPO2  DFHMDF POS=(08,041),
               LENGTH=005,
               PICIN='X(005)',
               PICOUT='X(005)',
               ATTRB=(PROT,BRT)
```

OBS.:

ATTRB   PROT = Protegido
BRT = Com Brilho

4) Definição de um campo variável com o nome CAMPO3, com o atributo protegido, sem brilho e com MDT (Atributo que permite que o conteúdo do campo seja passado da tela para o programa).

```
CAMPO3  DFHMDF POS=(09,041),
               LENGTH=005,
               PICIN='X(005)',
               PICOUT='X(005)',
               ATTRB=(PROT,FSET)
```

Obs.:

ATTRB   PROT = Protegido

FSET = MDT

5) Definição de um campo variável com o nome CAMPO4, com o atributo protegido, com brilho e com MDT.

```
CAMPO4  DFHMDF POS=(10,041),
               LENGTH=005,
               PICIN='X(005)',
               PICOUT='X(005)',
               ATTRB=(PROT,BRT,FSET)
```

Obs.:

ATTRB   PROT = Protegido

BRT = Brilho

FSET = MDT

6) Definição de um campo variável com o nome CAMPO5, com o atributo desprotegido, alfanumérico e sem brilho (Default com MDT)

```
CAMPO5  DFHMDF POS=(15,031),
               LENGTH=005,
               PICIN='X(005)',
               PICOUT='X(005)',
               HILIGHT=UNDERLINE,
               ATTRB=(UNPROT,FSET)
```

Obs.:

HILIGHT = UNDERLINE Permite que apareça o underline no campo desprotegido

ATTRB   UNPROT = Desprotegido

FSET = MDT

7) Definição de um campo variável com o nome CAMPO6, com o atributo desprotegido, alfanumérico e com brilho (Default com MDT)

```
CAMPO6   DFHMDF  POS=(16,031),
                 LENGTH=005,
                 PICIN='X(005)',
                 PICOUT='X(005)',
                 HILIGHT=UNDERLINE,
                 ATTRB=(UNPROT,FSET,BRT)
```

OBS.:

HILIGHT = UNDERLINE Permite que apareça o underline no campo desprotegido

ATTRB   UNPROT = Desprotegido

            FSET = MDT

            BRT = Brilho

8) Definição de um campo variável com o nome CAMPO7, com o atributo desprotegido, numérico e sem brilho (Default com MDT)

```
CAMPO7   DFHMDF  POS=(17,031),
                 LENGTH=005,
                 PICIN='X(005)',
                 PICOUT='X(005)',
                 HILIGHT=UNDERLINE,
                 ATTRB=(UNPROT,NUM,FSET)
```

Obs.:

ATTRB   UNPROT = Desprotegido

            NUM = Numérico

            FSET = MDT

9) Definição de um campo variável com o nome CAMPO8, com o atributo desprotegido, numérico e com brilho (Default com MDT)

```
CAMPO8   DFHMDF  POS=(18,031),
                 LENGTH=005,
                 PICIN='X(005)',
                 PICOUT='X(005)',
                 HILIGHT=UNDERLINE,
                 ATTRB=(UNPROT,NUM,FSET,BRT)
```

OBSERVAÇÃO IMPORTANTE

Após a definição de um campo desprotegido, deve ser definido um campo sem nome, de uma posição com o atributo ASKIP. Isto é necessário para que, após a digitação no campo, o cursor passe para o próximo campo desprotegido.

EXEMPLO:

```
         DFHMDF  POS=(18,037),
                 LENGTH=001,
                 PICIN='X(001)',
                 PICOUT='X(001)',
                 ATTRB=(ASKIP)
```

13.2. Exemplo Completo

A seguir mostramos o desenho de uma tela e a definição completa do seu Mapset.

Considere o seguinte desenho de tela:

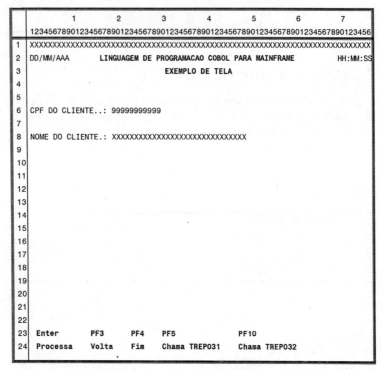

O Mapset TREM030 para esta tela, utilizando os comandos aprendidos neste capítulo, seria:

Capítulo 13 - Programação On-line – COBOL CICS – Desenho de Telas ◊ 173

```
TREMO30  DFHMSD TYPE=&SYSPARM,                                       X
                TIOAPFX=YES,                                         X
                CURSLOC=YES,                                         X
                STORAGE=AUTO,                                        X
                CTRL=(FRSET,FREEKB),                                 X
                EXTATT=MAPONLY,                                      X
                LANG=COBOL,                                          X
                MODE=INOUT
TRETO30  DFHMDI DATA=FIELD,                                          X
                SIZE=(024,080)
T30MSG   DFHMDF POS=(01,001),                                        X
                LENGTH=076,                                          X
                PICIN='X(076)',                                      X
                PICOUT='X(076)',                                     X
                ATTRB=(PROT,FSET,BRT)
T30DATA  DFHMDF POS=(02,001),                                        X
                LENGTH=010,                                          X
                PICIN='X(010)',                                      X
                PICOUT='X(010)',                                     X
                ATTRB=(PROT,BRT),                                    X
                INITIAL='DD/MM/AAAA'
         DFHMDF POS=(02,017),                                        X
                LENGTH=045,                                          X
                PICIN='X(045)',                                      X
                PICOUT='X(045)',                                     X
                ATTRB=(PROT,BRT),                                    X
                INITIAL='LINGUAGEM DE PROGRAMACAO COBOL PARA MAINFRAME'
T30HORA  DFHMDF POS=(02,069),                                        X
                LENGTH=C08,                                          X
                PICIN='X(008)',                                      X
                PICOUT='X(008)',                                     X
                ATTRB=(PROT,),                                       X
                INITIAL='HH:MM:SS'
         DFHMDF POS=(03,032),                                        X
                LENGTH=015,                                          X
                PICIN='X(015)',                                      X
                PICOUT='X(015)',                                     X
                ATTRB=(PROT,BRT),                                    X
                INITIAL='EXEMPLO DE TELA'
         DFHMDF POS=(06,001),                                        X
                LENGTH=018,                                          X
                PICIN='X(018)',                                      X
                PICOUT='X(018)',                                     X
                ATTRB=(PROT),                                        X
                INITIAL='CPF DO CLIENTE..:'
```

```
T30CPF    DFHMDF POS=(06,019),                                      X
                 LENGTH=011,                                        X
                 PICIN='X(011)',                                    X
                 PICOUT='X(011)',                                   X
                 ATTRB=(UNPROT,NUM,FSET)
          DFHMDF POS=(06,031),                                      X
                 LENGTH=001,                                        X
                 PICIN='X(001)',                                    X
                 PICOUT='X(001)',                                   X
                 ATTRB=(ASKIP)
          DFHMDF POS=(08,001),                                      X
                 LENGTH=018,                                        X
                 PICIN='X(018)',                                    X
                 PICOUT='X(018)',                                   X
                 ATTRB=(PROT),                                      X
                 INITIAL='NOME DO CLIENTE.:'
T30NOME   DFHMDF POS=(08,019),                                      X
                 LENGTH=050,                                        X
                 PICIN='X(050)',                                    X
                 PICOUT='X(050)',                                   X
                 ATTRB=(UNPROT,FSET)
          DFHMDF POS=(08,070),                                      X
                 LENGTH=001,                                        X
                 PICIN='X(001)',                                    X
                 PICOUT='X(001)',                                   X
                 ATTRB=(ASKIP)
          DFHMDF POS=(23,001),                                      X
                 LENGTH=046,                                        X
                 PICIN='X(046)',                                    X
                 PICOUT='X(046)',                                   X
                 ATTRB=(PROT),                                      X
                 INITIAL='Enter     PF3    PF4    PF5       PF10'
          DFHMDF POS=(24,001),                                      X
                 LENGTH=058,                                        X
                 PICIN='X(058)',                                    X
                 PICOUT='X(058)',                                   X
                 ATTRB=(PROT),                                      X
                 INITIAL='Processa    Volta    Fim   Chama TREP031    ChX
                 ama TREP032'
TREM030   DFHMSD TYPE=FINAL
                 END
```

Capítulo 14

Programação On-line – COBOL CICS – Arquitetura de Programação

Como vimos no capítulo 12, a manipulação de telas CICS é feita através dos comandos SEND e RECEIVE. Porém temos que aprender como deve ser a estrutura de um programa on-line que faça todo o processo não só de apresentação e recepção de telas mas, principalmente, como deve ser a navegação entre diversas telas CICS.

Para isso temos que entender como funciona a seqüência de apresentação e recepção e quais as técnicas que devem ser adotadas.

14.1 Técnica de Programação Conversacional

Nesta técnica o programa se inicia, a tela é montada pela primeira vez e apresentada ao usuário. O programa, carregado em memória, fica aguardando uma intervenção do usuário através da tecla Enter ou qualquer tecla de função (F1 a F12). No momento em que uma dessas teclas é pressionada, o programa continua a execução até o usuário escolher uma opção que faz com que o programa se encerre.

O problema desta técnica é que, enquanto o usuário estiver manipulando a tela, o programa fica carregado na memória do CICS. Para o caso de centenas de usuários trabalharem com telas, fatalmente chegará um momento que haverá falta de memória e o CICS irá encerrar anormalmente "derrubando" todas as transações em andamento que estavam executando neste CICS.

O esquema da técnica de programação Conversacional está representado na figura a seguir:

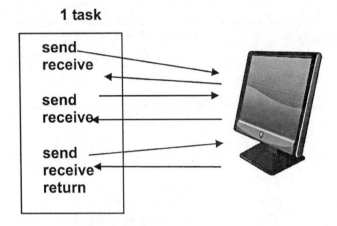

Pelos problemas causados ao ambiente on-line, esta técnica é praticamente proibida de ser utilizada, pois iria afetar não só o programa mas todos os sistemas que estariam executando no mesmo CICS.

No lugar da técnica Conversacional, deve-se utilizar a técnica Pseudo-Conversacional.

14.2 Técnica de Programação Pseudo-Conversacional

Nesta técnica o programa se inicia, a tela é montada pela primeira vez e apresentada ao usuário (comando SEND). Neste momento o programa se encerra (comando RETURN TRANSID), saindo e liberando a memória para ele alocada. Somente um registro é colocado no CICS, determinando que, se no terminal onde a tela foi apresentada houver uma interrupção através de uma tecla de função (Enter, F1 a F12, etc), o programa deve reiniciar. Neste ponto o programa faz a recepção da tela (RECEIVE), trata o que foi digitado pelo usuário, apresenta a tela novamente e se encerra. Novamente o usuário interage e pressiona uma tecla de função, o programa reinicia e trata a tela, ficando neste ciclo até que a tecla pressionada seja uma que foi determinada como a finalizadora do programa. Ao se pressionar esta tecla, o programa se encerra definitivamente.

A diferença nesta técnica é que o programa só fica alocado na memória do CICS quando uma tecla for pressionada e o programa trata o que foi digitado, o que, em termos de processamento CICS é extremamente rápido. Assim, não há acúmulo de transações executando instantaneamente e não há degradação do ambiente on-line.

A seguir segue o esquema da programação pseudo-conversacional. No exemplo uma transação é executada em três tasks:

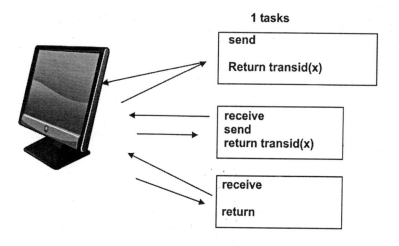

180 ◊ Linguagem de Programação COBOL para Mainframe

A técnica Pseudo-Conversacional é a técnica recomendada para a programação em COBOL CICS. Para que seja implementada, temos que estudar uma estrutura de programação que permita o controle entre as execuções das tasks e a navegação entre diversas telas programadas com esta técnica.

Vejamos em linhas gerais como seria a estrutura de um programa pseudo-conversacional. Suponha a transação SIS1 amarrada ao programa SISP001.

1º) O programa se inicia, busca os dados para montar a tela pela primeira vez (data, hora, cabeçalhos, etc), move estes dados para os campos da tela, apresenta a tela e encerra o programa. Teríamos, então o seguinte esquema:

```
BUSCA DADOS
MOVE DADOS PARA A TELA
SEND TELA
RETURN
```

2º) Porém, se encerrarmos o programa somente com o comando RETURN, ele se encerrará definitivamente. Para que fique registrado no CICS que o programa deve reiniciar após o usuário pressionar uma tecla, temos que utilizar a clausula TRANSID no comando. A estrutura fica assim:

```
BUSCA DADOS
MOVE DADOS PARA A TELA
SEND TELA
RETURN TRANSID (SIS1)
```

3º) Agora, depois de apresentada a tela pela primeira vez, e o usuário pressionar uma tecla e o programa reiniciar, não tem sentido executar os mesmos procedimentos de buscar os dados, mover para a tela e apresentar tela. Nesta segunda execução (e demais execuções), o programa deve tratar o que foi digitado. Portanto o programa deve ter um controle se é a primeira vez que está sendo executado ou se são as demais vezes. A estrutura do programa, então, fica:

```
SE PRIMEIRA VEZ
   BUSCA DADOS
   MOVE DADOS PARA A TELA
   SEND TELA
   RETURN TRANSID (SIS1)
SENÃO
```

4º) O problema agora é que para perguntar se é ou não a primeira vez, uma informação deve ser guardada na working do programa. Mas, no encerramento do programa, a working é perdida. Para que na próxima execução o programa consiga enxergar a working da execução anterior, ela deve ser passada como parâmetro através da cláusula COMMAREA. Nesta cláusula é colocada uma área de salvamento da working que é recebida pelo próprio programa quando ele se iniciar novamente. A estrutura do programa, então fica:

```
SE AS-PRIMEIRA-VEZ NOT EQUAL 'NAO'
   BUSCA DADOS
   MOVE DADOS PARA A TELA
   SEND TELA
   MOVE 'NAO' PARA AS-PRIMEIRA-VEZ
   RETURN TRANSID (SIS1) COMMAREA(AS-PRIMEIRA-VEZ)
SENÃO
```

5º) Muito bem, agora só precisamos colocar o procedimento das demais vezes, ou seja, como receber a tela (RECEIVE), tratar o que foi digitado e emitir novamente a tela:

```
SE AS-PRIMEIRA-VEZ NOT EQUAL 'NAO'
   BUSCA DADOS
   MOVE DADOS PARA A TELA
   SEND TELA
   MOVE 'NAO' PARA AS-PRIMEIRA-VEZ
   RETURN TRANSID (SIS1) COMMAREA(AS-PRIMEIRA-VEZ)
SENÃO
   RECEIVE DA TELA
   TRATA DADOS DIGITADOS
   SEND TELA
   MOVE 'NAO' PARA AS-PRIMEIRA-VEZ
   RETURN TRANSID (SIS1) COMMAREA(AS-PRIMEIRA-VEZ)
FIM-SE
```

6º) Que melhor estruturado fica:

```
SE AS-PRIMEIRA-VEZ NOT EQUAL 'NAO'
   BUSCA DADOS
   MOVE DADOS PARA A TELA
SENÃO
   RECEIVE DA TELA
   TRATA DADOS DIGITADOS
FIM-SE

SEND TELA
MOVE 'NAO' PARA AS-PRIMEIRA-VEZ
RETURN TRANSID (SIS1) COMMAREA(AS-PRIMEIRA-VEZ)
```

Agora temos a estrutura de um programa COBOL CICS na técnica pseudo-conversacional.

Para o caso de uma tela chamando outra tela (navegação), poderíamos ter o seguinte esquema:

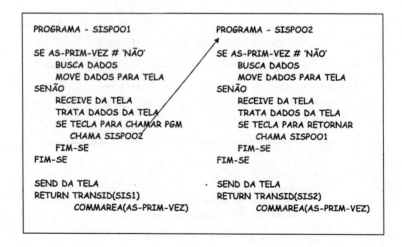

14.3 Proposta de Arquitetura de Programação

Vimos no tópico anterior uma estrutura capaz de apresentar telas CICS e chamar outras telas CICS. Porém, esta estrutura tem que ser capaz de armazenar o "empilhamento" das telas que ocorre durante uma navegação entre diversas telas. Cada tela deve ter a informação de quem a chamou e quais seus dados para que possa retornar e garantir que a execução da tela anterior ocorra do ponto onde estava. Além disso, uma tela pode chamar uma outra passando parâmetros para que sejam processados e um resultado devolvido.

Para resolver todas estas questões, vamos propor uma arquitetura de programação que pode ser utilizada como esqueletos de programas onde todos os controles do CICS para utilização da técnica pseudo-conversacional e navegação entre as telas estejam resolvidos.

Esta arquitetura tem por objetivo tirar do programador a difícil tarefa de construir as estruturas de controle da linguagem COBOL CICS, ficando totalmente focado na lógica do negócio.

Com isto, ocorre um ganho de produtividade e qualidade já que a linguagem não oferece estruturas prontas para a realização das funções mais básicas dos processos on-line como Apresentação de Telas e Navegação entre elas.

Trabalhando com Esqueletos de Programas, o programador também fica focado na conversão dos dados do esqueleto de programa para os dados do negócio do programa e faz somente adaptações pontuais de cada solicitação. Também, criando uma arquitetura padrão, evita-se o caso de falta de integração entre os processos on-line dos sistemas e também de haver a figura do "dono do programa" que construiu a lógica e somente ele tem condições de dar manutenção.

Finalmente, é seguro dizer que, sem uma infra-estrutura pré-definida, o sucesso da programação nesta linguagem fica muito comprometido. Os programas ficam com uma grande complexidade, prejudicando muito a sua manutenção futura, aumentando a incidência de erros e aumento o tempo destas manutenções.

14.3.1 Descrição da Arquitetura

Um sistema de apresentação e navegação entre telas que utilizam a linguagem COBOL CICS no modo pseudo-conversacional, necessita de controles codificados pela aplicação. Isto se deve ao fato de que, no momento da apresentação de uma tela, a transação (e por conseqüência o programa), é encerrada. Todas as áreas de working do programa são perdidas. Quando ocorre a intervenção na tela por parte do usuário, o programa reinicia como se fosse a primeira vez. O mesmo ocorre quando uma tela é chamada e, neste caso, as áreas de ambos os programas são perdidas.

Para suprir estas dificuldades, uma estrutura de controle de apresentação de tela e navegação deve ser construída antes do início da codificação das regras do negócio e, para que estes controles não fiquem misturados com estas funções de negócio, causando dificuldades no desenvolvimento e manutenção, os controles devem ser encapsulados.

As funções de controle irão manter a pilha de navegação para garantir o retorno para a tela anterior, preservando a área de dados de todos os programas enfileirados.

Com esta estrutura, todas as telas do sistema não precisam se preocupar com a maneira de chamar outras telas e nem como retornar à tela chamada. Também serão preservados os dados do programa durante a apresentação pseudo-conversacional da tela.

PREMISSAS

- Os programas irão realizar as funções de Apresentação de Tela, Chamada a outra Tela, Retorno à tela chamada, Encerramento do Programa e Armazenagem de suas áreas de Working;

- Todos os códigos para realizar estas funções estarão encapsulados em parágrafos de controle (com nome iniciando com "99").

- Os dados dos níveis de navegação serão armazenados na COMMAREA do CICS.

- Cada tela estará associada a uma transação no CICS.

Funcionamento Geral do Programa On-line

[Fluxograma:]

- Início
- Programa foi Chamado do Menu?
  - S → Grava dados do nível 1 na COMMAREA
  - N → Formata Commarea
- Retorno de Send?
  - N → Retorno de Tela Chamada?
    - S → Usa parâmetros retornados da Tela chamada
    - N →
  - S → Recebe Tela
- PF para chamar outra Tela?
  - S → Formata Commarea com dados do nível deste programa → Formata Commarea com dados do nível da tela chamada → Chama Tela → Fim
  - N → PF para retornar a tela anterior?
    - S → Subtrai 1 do nível → Nível = 0?
      - N → Lê Commarea Com dados do nível → Chama Tela Anterior → Fim
      - S → Retorna para menu
    - N → Trata Tela
- Formata Commarea com dados do nível
- Apresenta Tela
- Fim

Conteúdo da COMMAREA para Cada Programa Enfileirado

Para cada entrada no sistema em um determinado terminal, será gravada uma parte da COMMAREA com os dados dos programas que serão empilhados.

Capítulo 14 - Programação On-line – COBOL CICS – Arquitetura de Programação ◊ 187

DADOS DE CONTROLE – São dados de cada um dos 10 níveis previstos para a navegação.

CAMPO	TAMANHO	DESCRIÇÃO
Nível da Navegação	2	Identifica o nível que a tela se encontra sendo 0(zero) o menu inicial, 1(um) a chamada ao programa associado ao item do menu, 2(dois) o programa chamado pelo programa do nível 1 e assim sucessivamente.
Programa	8 occurs 10	Nome do Programa
Transação	4 occurs 10	Código da transação cadastrada para o programa
Endereço Início	5 occurs 10	Endereço na COMMAREA do Início da área com os dados do programa
Tamanho Nível	5 occurs 10	Tamanho na COMMAREA da área com os dados do programa
Etapa do Programa	2 occurs 10	Armazena o momento da execução do programa. Pode Ser: 1 - PRIMEIRA-EXECUCAO: Este conteúdo é recebido quando o programa é chamado do menu inicial ou quando é chamado de outra tela. 2 - RETORNO-DE-SEND: Este conteúdo é recebido na volta da apresentação da tela e indica que o programa deve tratar os dados e a tecla pressionada pelo usuário. 3 - RETORNO-DE-TELA-CHAMADA: Este conteúdo é recebido na volta de uma tela que foi chamada.
TOTAL	202	

DADOS DE CADA PROGRAMA - São dados com tamanho variável reservados para a necessidade dos programas de cada nível.

CAMPO	TAMANHO	DESCRIÇÃO
Parâmetros entre telas	Livre	Área reservada para relacionar os parâmetros de negócio passados entre as telas
Área Permanente	Livre	Área reservada para armazenar os dados do programa que não podem ser perdidos na apresentação de tela ou chamada a outra tela
Dados Tela	1920	Dados da tela

FORMATO DA COMMAREA

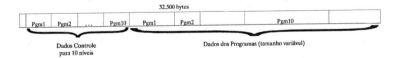

Programas Esqueleto

O programa TREP030 é um programa esqueleto na arquitetura descrita nos tópicos anteriores. Ele deve ser usado como modelo para a confecção de novos programas COBOL CICS. Para mostrar a navegação entre telas, mais 4 programas foram feitos na mesma estrutura e sua navegação está representada a seguir.

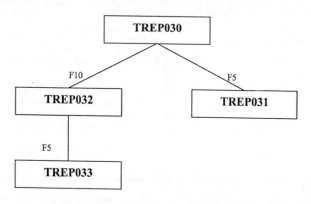

A seguir vamos apresentar a fonte do programa TREP030 que utiliza a tela TRET030 desenhada no capítulo anterior.

```
         1         2         3         4         5         6         7
1234567890123456789012345678901234567890123456789012345678901234567890123456789012
       IDENTIFICATION                DIVISION.
       PROGRAM-ID. TREP030.
      ******************************************************************
      *         SISTEMA  . . . . . . . . . TRE - TREINAMENTO        *
      *         ANALISTA . . . . . . . . . JAIME WOJCIECHOWSKI      *
      *         PROGRAMADOR . . . . . . .  JAIME WOJCIECHOWSKI      *
      *         DATA  . . . . . . . . . .  AGOSTO/2007              *
      *         FUNCAO  . . . . . . . . .  ESTRUTURA ON-LINE        *
      ******************************************************************
       ENVIRONMENT                   DIVISION.
       CONFIGURATION                 SECTION.
       SPECIAL-NAMES.
           DECIMAL-POINT             IS COMMA.
```

Capítulo 14 - Programação On-line – COBOL CICS – Arquitetura de Programação ◊ 189

```
*-----------------------------------------------------------------*
 DATA                    DIVISION.
*-----------------------------------------------------------------*
 WORKING-STORAGE         SECTION.

 01  FILLER              PIC  X(016)     VALUE
     'INI-WORK TREP030'.

 01  AREAS-DE-SALVAMENTO.
     05  AS-ABSTIME      PIC  S9(015) COMP-3  VALUE ZEROS.
     05  AS-STATUS       PIC  S9(008) COMP    VALUE ZEROS.

*-----------------------------------------------------------------*
* AREA DE PARAMETROS PARA O PROGRAMA QUE EXIBE MENSAGEM DE ERRO  *
*-----------------------------------------------------------------*
 01  LK999               PIC  X(1000)    VALUE SPACES.
 01  FILLER  REDEFINES   LK999.
     05  LK999-NOME-PGM      PIC  X(008).
     05  LK999-DESCR-PGM     PIC  X(030).
     05  LK999-NOME-TRANS    PIC  X(004).
     05  LK999-TIPO-ERRO     PIC  X(004).
     05  LK999-DS-PARAGRAFO  PIC  X(030).
     05  LK999-CD-TABELA     PIC  X(003).
     05  LK999-COMANDO       PIC  X(010).
     05  LK999-CD-RETORNO    PIC  X(008).
     05  LK999-DS-RET        PIC  X(750).
     05  FILLER  REDEFINES   LK999-DS-RET OCCURS 10.
        10  LK999-DS-RETORNO PIC  X(075).


*-----------------------------------------------------------------*
* ATRIBUTOS DE TELA
* U - DESPROTEGIDO
* P - PROTEGIDO
* A - ALFA
* N - NUMERICO
* M - SEMPRE TRANSMITE O CONTEUDO ENTRE A TELA E O PROGRAMA
* H - COM BRILHO
* D - OCULTO (PARA SENHA)
*-----------------------------------------------------------------*
 01  ATRIBUTO.
     05  ATTR-UAM        PIC  X(001)     VALUE 'A'.
     05  ATTR-UAH        PIC  X(001)     VALUE 'H'.
     05  ATTR-UAHM       PIC  X(001)     VALUE 'I'.
     05  ATTR-UN         PIC  X(001)     VALUE '&'.
```

```
            05  ATTR-PD              PIC  X(001)       VALUE '%'.
            05  ATTR-UNM             PIC  X(001)       VALUE 'J'.
            05  ATTR-UNH             PIC  X(001)       VALUE 'Q'.
            05  ATTR-PA              PIC  X(001)       VALUE 'R'.
            05  ATTR-PAM             PIC  X(001)       VALUE '-'.
            05  ATTR-PAH             PIC  X(001)       VALUE '/'.
            05  ATTR-PAHM            PIC  X(001)       VALUE 'Z'.
            05  ATTR-PN              PIC  X(001)       VALUE '0'.
            05  ATTR-PNM             PIC  X(001)       VALUE '1'.
            05  ATTR-PAH             PIC  X(001)       VALUE '/'.
            05  ATTR-PAHM            PIC  X(001)       VALUE 'Z'.
            05  ATTR-PNH             PIC  X(001)       VALUE '8'.
            05  ATTR-PNHM            PIC  X(001)       VALUE '9'.

       *----------------------------------------------------------------*
       * AREA DE COMUNICACAO DO CICS PARA NAVEGACAO                     *
       *----------------------------------------------------------------*
       * AREAS DE CONTROLE:
       *        UTILIZADAS PELA ESTRUTURA DE NAVEGACAO
       *
       * AREAS OPCIONAIS DE USO DO PROGRAMA:
       *        DEVEM SER RELACIONADAS AS AREAS DE NEGOCIO ESTRITAMENTE
       *        NECESSARIAS PARA CADA PROGRAMA
       *        COMM-PARAM-ENTRE-TELAS  - RELACIONAR OS PARAMETROS DE
       *                                  DE NEGOCIO QUE ESTA TELA DEVE
       *                                  PASSAR PARA OUTRAS TELAS
       *        COMM-AREA-PERMANENTE    - COLOCAR EM NIVEIS 10 AS AREAS
       *                                  DE NEGOCIO DO PROGRAMA QUE NAO
       *                                  PODEM SER PERDIDAS NA
       *                                  APRESENTACAO DE TELA OU CHAMADA
       *                                  A OUTRA TELA
       *        COMM-DADOS-TELA         - SALVAR A TELA CORRENTE
       *----------------------------------------------------------------*
        01  COMM-DADOS-CONTROLE.
            05  COMM-NIVEL                     PIC  9(002).
            05  COMM-TABELA-NAVEGACAO          OCCURS 10.
                10  COMM-PROGRAMA              PIC  X(008).
                10  COMM-TRANSACAO             PIC  X(004).
                10  COMM-ENDERECO-INICIO       PIC  9(005) COMP-3.
                10  COMM-TAMANHO-NIVEL         PIC  9(005) COMP-3.
                10  COMM-ETAPA-DO-PROGRAMA     PIC  9(002).

        01  COMM-DADOS-PROGRAMA.
            05  COMM-PARAM-ENTRE-TELAS         PIC  X(100)   VALUE SPACES.
            05  COMM-AREA-PERMANENTE           PIC  X(100)   VALUE SPACES.
```

Capítulo 14 - Programação On-line - COBOL CICS - Arquitetura de Programação ◊ 191

```
     05  COMM-DADOS-TELA            PIC  X(1920)   VALUE SPACES.

01  AS-AREAS-CONTROLE.
     05  AS-COMMAREA                PIC  X(32500)  VALUE SPACES.
     05  AS-TAMANHO-NIVEL-ALFA      PIC  X(005)    VALUE SPACES.
     05  FILLER    REDEFINES        AS-TAMANHO-NIVEL-ALFA.
         10  AS-TAMANHO-NIVEL       PIC  9(005).
     05  AS-ENDERECO-INICIO         PIC  9(005)    VALUE ZEROS.
     05  AS-TAMANHO                 PIC  9(005)    VALUE ZEROS.
     05  AS-ENDERECO-FIM            PIC  9(005)    COMP-3.
     05  AS-ETAPA-DO-PROGRAMA       PIC  9(002).
         88  PRIMEIRA-EXECUCAO                     VALUE 1.
         88  RETORNO-DE-SEND                       VALUE 2.
         88  RETORNO-DE-TELA-CHAMADA               VALUE 3.
     05  AS-TRANSACAO-CHAMADA       PIC  X(0004)   VALUE SPACES.
     05  AS-TRANSACAO               PIC  X(0004)   VALUE SPACES.
     05  AS-PROGRAMA-CHAMADO        PIC  X(0008)   VALUE SPACES.
     05  AS-PARAM-ENTRE-TELAS       PIC  X(1000)   VALUE SPACES.
     05  AS-PROGRAMA                PIC  X(0008)   VALUE SPACES.
*----------------------------------------------------------------*
*   AREA UTILIZADA PARA DEFINICAO DE CONSTANTES DO CICS.         *
*----------------------------------------------------------------*
 COPY DFHAID.

*----------------------------------------------------------------*
*   AREA DE TRATAMENTO ATRIBUTO TELA - OUTROS ATRIBUTOS          *
*----------------------------------------------------------------*
 COPY DFHBMSCA.

*----------------------------------------------------------------*
*   AREA DA TELA                                                 *
*----------------------------------------------------------------*
 COPY TREM030.

 01  FILLER                         PIC  X(016)    VALUE
         'FIM-WORK TREP030'.

*----------------------------------------------------------------*
 LINKAGE                            SECTION.
*----------------------------------------------------------------*
 01  DFHCOMMAREA.
     05  FILLER                     PIC  X(001)  OCCURS 32500
             DEPENDING ON EIBCALEN.
*----------------------------------------------------------------*
 PROCEDURE                          DIVISION.
```

```
*----------------------------------------------------------------*
 0000-PRINCIPAL                SECTION.

     PERFORM 1000-INICIALIZA

     IF NOT PRIMEIRA-EXECUCAO
         PERFORM 2000-PROCESSA
     END-IF

     PERFORM 3000-FINALIZA
     .
 0000-PRINCIPAL-EXIT.
     EXIT.
*----------------------------------------------------------------*
*     INICIALIZA
*----------------------------------------------------------------*
 1000-INICIALIZA               SECTION.

     MOVE LOW-VALUES             TO TRET0300

     PERFORM 9901-CONTROLE-NAVEGACAO

     IF PRIMEIRA-EXECUCAO

*--      PROCEDIMENTOS INICIAIS DO PROGRAMA

         IF COMM-PARAM-ENTRE-TELAS NOT EQUAL SPACES
*--          NO CASO DESTA TELA TER SIDO CHAMADA, USA PARAMETROS
*--          RECEBIDOS

             MOVE COMM-PARAM-ENTRE-TELAS(1:70) TO T30MSGO
             MOVE SPACES  TO  COMM-PARAM-ENTRE-TELAS
         END-IF
     END-IF
     .
 1000-INICIALIZA-EXIT.
     EXIT.
*----------------------------------------------------------------*
*     PROCESSA
*----------------------------------------------------------------*
 2000-PROCESSA                 SECTION.

     IF       RETORNO-DE-TELA-CHAMADA
*--      NO CASO DESTA TELA TER CHAMADO OUTRA TELA, USA PARAMETROS
```

```
*--         QUE A TELA RETORNOU
            MOVE COMM-PARAM-ENTRE-TELAS(1:70) TO T30MSGO
            MOVE SPACES TO COMM-PARAM-ENTRE-TELAS
        ELSE
*--         VERIFICA QUAL TECLA FOI PRESSIONADA
            EVALUATE EIBAID
            WHEN DFHENTER
                PERFORM 2100-ENTER
            WHEN DFHPF3
                PERFORM 2200-VOLTA
            WHEN DFHPF4
*--             PF PARA ENCERRAR O PROGRAMA
                EXEC CICS RETURN
                END-EXEC
            WHEN DFHPF5
                PERFORM 2300-CHAMA-TELA-TREP031
            WHEN DFHPF10
                PERFORM 2400-CHAMA-TELA-TREP032
            WHEN OTHER
                MOVE 'TECLA INVALIDA' TO T30MSGI
            END-EVALUATE
        END-IF
        .
    2000-PROCESSA-EXIT.
        EXIT.
*---------------------------------------------------------------*
*       TRATA ENTER
*---------------------------------------------------------------*
    2100-ENTER                      SECTION.

        MOVE 'FOI TECLADO ENTER' TO T30MSGO
        .
    2100-ENTER-EXIT.
        EXIT.
*---------------------------------------------------------------*
*       VOLTA PARA A TELA ANTERIOR
*---------------------------------------------------------------*
    2200-VOLTA                      SECTION.

        MOVE 'PARAMETROS DE RETORNO DO 030'  TO AS-PARAM-ENTRE-TELAS

        PERFORM 9904-VOLTA-P-TELA-ANT
        .
    2200-VOLTA-EXIT.
```

```
            EXIT.
    *----------------------------------------------------------------*
    *     CHAMA TELA TREP031
    *----------------------------------------------------------------*
    2300-CHAMA-TELA-TREP031           SECTION.

            MOVE 'TRE1'    TO AS-TRANSACAO-CHAMADA
            MOVE 'TREP031' TO AS-PROGRAMA-CHAMADO
            MOVE 'PARAMETROS PARA O PGM TREP031' TO AS-PARAM-ENTRE-TELAS

            PERFORM 9905-CHAMA-OUTRA-TELA
            .
    2300-CHAMA-TELA-TREP031-EXIT.
            EXIT.
    *----------------------------------------------------------------*
    *     CHAMA TELA TREP032
    *----------------------------------------------------------------*
    2400-CHAMA-TELA-TREP032           SECTION.

            MOVE 'TRE2'    TO AS-TRANSACAO-CHAMADA
            MOVE 'TREP032' TO AS-PROGRAMA-CHAMADO
            MOVE 'PARAMETROS PARA O PGM TREP032' TO AS-PARAM-ENTRE-TELAS

            PERFORM 9905-CHAMA-OUTRA-TELA
            .
    2400-CHAMA-TELA-TREP032-EXIT.
            EXIT.
    *----------------------------------------------------------------*
    *     MONTA DADOS DO CABECALHO E ENVIA MAPA
    *----------------------------------------------------------------*
    3000-FINALIZA                     SECTION.

            EXEC CICS ASKTIME
                      ABSTIME(AS-ABSTIME)
                      RESP    (AS-STATUS)
            END-EXEC
            EXEC CICS FORMATTIME
                      ABSTIME   (AS-ABSTIME)
                      DDMMYYYY  (T30DATAI)
                      DATESEP   ('/')
                      TIME      (T30HORAI)
                      TIMESEP   (':')
                      RESP      (AS-STATUS)
            END-EXEC
            EXEC CICS ASSIGN
```

```
                    APPLID(T30CICSI)
                    USERID(T30USERI)
                    RESP   (AS-STATUS)
          END-EXEC

          MOVE EIBTRMID              TO T30TERMI


          PERFORM 9906-SEND-TELA
          .
      3000-FINALIZA-EXIT.
          EXIT.
     *----------------------------------------------------------------*
     *       PARAGRAFOS DE CONTROLE DA ARQUITETURA
     *----------------------------------------------------------------*
     *       INICIALIZA AREA DE COMUNICACAO                           *
     *----------------------------------------------------------------*
      9901-CONTROLE-NAVEGACAO         SECTION.

          EXEC CICS HANDLE ABEND
                    LABEL  (9999-FIM-ANORMAL)
          END-EXEC

          IF   EIBCALEN               EQUAL ZEROS
               PERFORM 9902-ENTRADA
          ELSE
               PERFORM 9903-DEMAIS-EXEC
          END-IF
          .
      9906-INICIO-EXIT.
          EXIT.
     *----------------------------------------------------------------*
     *       TRATA ENTRADA DO PROGRAMA QUANDO FOI CHAMADO             *
     *       PELA PRIMEIRA VEZ                                        *
     *----------------------------------------------------------------*
      9902-ENTRADA                    SECTION.

          MOVE 1                      TO COMM-NIVEL
          MOVE EIBTRNID               TO COMM-TRANSACAO        (1)
          MOVE CURRENT-PROGRAM-ID     TO COMM-PROGRAMA         (1)
          MOVE 1                      TO COMM-ETAPA-DO-PROGRAMA(1)
          MOVE COMM-ETAPA-DO-PROGRAMA(1) TO AS-ETAPA-DO-PROGRAMA
          COMPUTE COMM-ENDERECO-INICIO (1) =
                  LENGTH OF COMM-DADOS-CONTROLE + 1
          COMPUTE COMM-TAMANHO-NIVEL   (1) =
```

```
                        LENGTH OF COMM-DADOS-PROGRAMA

            INITIALIZE COMM-DADOS-PROGRAMA
                 .
       9902-ENTRADA-EXIT.
            EXIT.
      *----------------------------------------------------------------*
      *     TRATA DEMAIS ENTRADAS DO PROGRAMA                          *
      *----------------------------------------------------------------*
       9903-DEMAIS-EXEC                  SECTION.

            PERFORM 9908-RECUPERA-COMMAREA

            EVALUATE TRUE
            WHEN RETORNO-DE-SEND
                 EXEC CICS RECEIVE
                           MAPSET  ('TREM030')
                           MAP     ('TRET030')
                           INTO    (TRET030I)
                           RESP    (AS-STATUS)
                 END-EXEC
                 IF  AS-STATUS NOT = DFHRESP(NORMAL)
                     IF   AS-STATUS  EQUAL  DFHRESP (MAPFAIL)
                     AND (EIBAID     EQUAL  DFHCLEAR
                     OR   EIBAID     EQUAL  DFHPA1
                     OR   EIBAID     EQUAL  DFHPA2
                     OR   EIBAID     EQUAL  DFHPA3)
                           MOVE COMM-DADOS-TELA TO TRET030I
                           PERFORM  9906-SEND-TELA
                                THRU 9906-SEND-TELA-EXIT
                     END-IF
                     MOVE 'CICS'                    TO LK999-TIPO-ERRO
                     MOVE AS-STATUS                 TO LK999-CD-RETORNO
                     MOVE 'ERRO NO COMANDO RECEIVE' TO LK999-DS-RET
                     MOVE '9903-DEMAIS-EXEC2'       TO
                                                       LK999-DS-PARAGRAFO
                     PERFORM                        TO 9999-FIM-ANORMAL
                 END-IF
                 MOVE TRET030I TO COMM-DADOS-TELA

            WHEN RETORNO-DE-TELA-CHAMADA
                 MOVE COMM-DADOS-TELA TO TRET030I

            WHEN PRIMEIRA-EXECUCAO
                 MOVE LOW-VALUES TO TRET030I
```

```cobol
          WHEN OTHER
              MOVE 'CICS'                     TO LK999-TIPO-ERRO
              MOVE 99                         TO LK999-CD-RETORNO
              STRING 'ETAPA DO PROGRAMA INVALIDA: '
                     AS-ETAPA-DO-PROGRAMA
                     DELIMITED BY SIZE INTO LK999-DS-RET
              MOVE '9903-DEMAIS-EXEC3'        TO LK999-DS-PARAGRAFO
              PERFORM                         TO 9999-FIM-ANORMAL
          END-EVALUATE
          .
      9903-DEMAIS-EXEC-EXIT.
          EXIT.

     *----------------------------------------------------------------*
     *     VOLTA PARA A TELA ANTERIOR
     *----------------------------------------------------------------*
      9904-VOLTA-P-TELA-ANT SECTION.

          SUBTRACT 1                FROM COMM-NIVEL

          IF COMM-NIVEL EQUAL ZEROS
             EXEC CICS RETURN END-EXEC
          END-IF

          MOVE 3                    TO COMM-ETAPA-DO-PROGRAMA(COMM-NIVEL)
          MOVE AS-PARAM-ENTRE-TELAS    TO COMM-PARAM-ENTRE-TELAS
          MOVE COMM-PROGRAMA(COMM-NIVEL)  TO AS-PROGRAMA

          MOVE COMM-ENDERECO-INICIO(COMM-NIVEL)
                                    TO AS-ENDERECO-INICIO
          COMPUTE AS-TAMANHO = LENGTH OF COMM-PARAM-ENTRE-TELAS

          MOVE COMM-DADOS-CONTROLE TO
               AS-COMMAREA(1:LENGTH OF COMM-DADOS-CONTROLE)
          MOVE COMM-PARAM-ENTRE-TELAS TO
               AS-COMMAREA(AS-ENDERECO-INICIO:AS-TAMANHO)

          EXEC CICS XCTL
               PROGRAM  (AS-PROGRAMA)
               COMMAREA (AS-COMMAREA)
               RESP     (AS-STATUS)
          END-EXEC
          IF AS-STATUS NOT = DFHRESP(NORMAL)
             MOVE 'CICS'                     TO LK999-TIPO-ERRO
```

```
            MOVE AS-STATUS              TO LK999-CD-RETORNO
            MOVE 'ERRO NO COMANDO XCTL' TO LK999-DS-RET
            MOVE '9904-VOLTA-P-TELA-ANT3' TO LK999-DS-PARAGRAFO
            PERFORM                     TO 9999-FIM-ANORMAL
        END-IF

        EXEC CICS
            RETURN
        END-EXEC

    9904-VOLTA-P-TELA-ANT-EXIT.
        EXIT.
   *----------------------------------------------------------------*
   *     CHAMA OUTRA TELA
   *----------------------------------------------------------------*
    9905-CHAMA-OUTRA-TELA       SECTION.

        MOVE TRETO30I               TO COMM-DADOS-TELA

        PERFORM 9907-SALVA-COMMAREA

   *--  CALCULA ENDERECO DO PROXIMO NIVEL
        COMPUTE AS-ENDERECO-INICIO = AS-ENDERECO-INICIO + AS-TAMANHO

        ADD  1  TO  COMM-NIVEL
        IF  COMM-NIVEL GREATER 10
            MOVE 'PGM'                  TO LK999-TIPO-ERRO
            MOVE 999                    TO LK999-CD-RETORNO
            STRING 'ERRO GRAVE NA ESTRUTURA DE NAVEGACAO. '
                   'NIVEL DE NAVEGACAO MAIOR QUE 10'
                DELIMITED BY SIZE INTO LK999-DS-RET
            MOVE '9905-CHAMA-OUTRA-TELA4' TO LK999-DS-PARAGRAFO
            PERFORM                     TO 9999-FIM-ANORMAL
        END-IF

        INITIALIZE COMM-DADOS-PROGRAMA

   *--  INICIALIZA DADOS DE CONTROLE DO PROGRAMA CHAMADO
        MOVE AS-TRANSACAO-CHAMADA
                                    TO COMM-TRANSACAO(COMM-NIVEL)
        MOVE AS-PROGRAMA-CHAMADO
                                    TO COMM-PROGRAMA (COMM-NIVEL)
        MOVE 1                      TO COMM-ETAPA-DO-PROGRAMA(COMM-NIVEL)
        MOVE AS-ENDERECO-INICIO TO COMM-ENDERECO-INICIO(COMM-NIVEL)
        MOVE LENGTH OF COMM-PARAM-ENTRE-TELAS
```

```
                         TO COMM-TAMANHO-NIVEL(COMM-NIVEL)

        COMPUTE AS-ENDERECO-FIM = AS-ENDERECO-INICIO
                                + COMM-TAMANHO-NIVEL(COMM-NIVEL)
        IF  AS-ENDERECO-FIM GREATER 32500
            MOVE 'PGM'                  TO LK999-TIPO-ERRO
            MOVE 999                    TO LK999-CD-RETORNO
    STRING 'ERRO GRAVE NA ESTRUTURA DE NAVEGACAO. '
                        'COMMAREA MAIOR QUE 32500 BYTES'
            DELIMITED BY SIZE INTO LK999-DS-RET
            MOVE '9905-CHAMA-OUTRA-TELA4'  TO LK999-DS-PARAGRAFO
            PERFORM                        TO 9999-FIM-ANORMAL
        END-IF

        MOVE AS-PARAM-ENTRE-TELAS      TO COMM-PARAM-ENTRE-TELAS
        MOVE COMM-PROGRAMA(COMM-NIVEL) TO AS-PROGRAMA

        PERFORM 9907-SALVA-COMMAREA

        EXEC CICS· XCTL
                 PROGRAM  (AS-PROGRAMA)
                 COMMAREA (AS-COMMAREA)
                 RESP     (AS-STATUS)
        END-EXEC
        IF  AS-STATUS NOT EQUAL DFHRESP(NORMAL)
            MOVE 'CICS'                    TO LK999-TIPO-ERRO
            MOVE AS-STATUS                 TO LK999-CD-RETORNO
            MOVE 'ERRO NO COMANDO XCTL'    TO LK999-DS-RET
            MOVE '9905-CHAMA-OUTRA-TELA4'  TO LK999-DS-PARAGRAFO
            PERFORM                        TO 9999-FIM-ANORMAL
        END-IF
        .
    9905-CHAMA-OUTRA-TELA-EXIT.
        EXIT.
   *------------------------------------------------------------------*
   *     SEND DA TELA
   *------------------------------------------------------------------*
   9906-SEND-TELA           SECTION.

        MOVE TRET030I             TO COMM-DADOS-TELA
        MOVE 2                    TO COMM-ETAPA-DO-PROGRAMA(COMM-NIVEL)
        MOVE COMM-TRANSACAO(COMM-NIVEL)
                                  TO AS-TRANSACAO

        PERFORM 9907-SALVA-COMMAREA
```

```
            EXEC CICS SEND
                     MAP     ('TRETO30')
                     MAPSET  ('TREMO30')
                     FROM    (TRETO300)
                     ERASE
                     FREEKB
                     CURSOR
                     RESP    (AS-STATUS)
            END-EXEC
            IF  AS-STATUS NOT = DFHRESP(NORMAL)
                MOVE 'CICS'                      TO LK999-TIPO-ERRO
                MOVE AS-STATUS                   TO LK999-CD-RETORNO
                MOVE 'ERRO NO COMANDO SEND'      TO LK999-DS-RET
                MOVE '9906-SEND-TELA3'           TO LK999-DS-PARAGRAFO
                PERFORM                          TO 9999-FIM-ANORMAL
            END-IF


            EXEC CICS RETURN
                     TRANSID  (AS-TRANSACAO)
                     COMMAREA (AS-COMMAREA)
                     RESP     (AS-STATUS)
            END-EXEC
            IF  AS-STATUS NOT EQUAL DFHRESP(NORMAL)
                MOVE 'CICS'                      TO LK999-TIPO-ERRO
                MOVE AS-STATUS                   TO LK999-CD-RETORNO
                MOVE 'ERRO NO COMANDO RETURN'    TO LK999-DS-RET
                MOVE '9906-SEND-TELA4'           TO LK999-DS-PARAGRAFO
                PERFORM                          TO 9999-FIM-ANORMAL
            END-IF
                      .
        9906-SEND-TELA-EXIT.
            EXIT.
       *------------------------------------------------------------------*
       *   MOVE DADOS DA WORKING PARA COMMAREA
       *------------------------------------------------------------------*
        9907-SALVA-COMMAREA            SECTION.

            MOVE COMM-ENDERECO-INICIO(COMM-NIVEL)
                                    TO AS-ENDERECO-INICIO
            MOVE COMM-TAMANHO-NIVEL(COMM-NIVEL)
                                    TO AS-TAMANHO

            MOVE COMM-DADOS-CONTROLE     TO
                AS-COMMAREA(1:LENGTH OF COMM-DADOS-CONTROLE)
            MOVE COMM-DADOS-PROGRAMA     TO
```

```
                AS-COMMAREA(AS-ENDERECO-INICIO:AS-TAMANHO)
        9907-SALVA-COMMAREA-EXIT.
            EXIT.
   *----------------------------------------------------------------*
   *        MOVE DADOS DA COMMAREA PARA WORKING
   *----------------------------------------------------------------*
        9908-RECUPERA-COMMAREA        SECTION.

            MOVE DFHCOMMAREA(1:EIBCALEN)
                                          TO  AS-COMMAREA
            MOVE AS-COMMAREA(1:LENGTH OF COMM-DADOS-CONTROLE)
                                          TO COMM-DADOS-CONTROLE
            MOVE COMM-ETAPA-DO-PROGRAMA(COMM-NIVEL)
                                          TO AS-ETAPA-DO-PROGRAMA

            MOVE COMM-ENDERECO-INICIO(COMM-NIVEL)
                                          TO AS-ENDERECO-INICIO
            MOVE COMM-TAMANHO-NIVEL(COMM-NIVEL)
                                          TO AS-TAMANHO

            MOVE AS-COMMAREA(AS-ENDERECO-INICIO:AS-TAMANHO)
                                          TO COMM-DADOS-PROGRAMA

            MOVE LENGTH OF COMM-DADOS-PROGRAMA
                                          TO COMM-TAMANHO-NIVEL(COMM-NIVEL)

        9908-RECUPERA-COMMAREA-EXIT.
            EXIT.
   *----------------------------------------------------------------*
   *        TRATAMENTO DE ERRO                                      *
   *----------------------------------------------------------------*
        9999-FIM-ANORMAL              SECTION.

            EXEC CICS
                SYNCPOINT ROLLBACK
            END-EXEC

            MOVE 'TREP030'                TO  LK999-NOME-PGM
            MOVE 'ESTRUTURA DE NAVEGACAO NIVEL 1' TO  LK999-DESCR-PGM
            MOVE 'TRE0'                   TO  LK999-NOME-TRANS
```

```
        END-EXEC

           EXEC CICS RETURN END-EXEC
           .
       9999-FIM-ANORMAL-EXIT.
           EXIT.
```

Desenvolvimento para Internet com Java

Autor: *Edson J. R. Lobo*
148 páginas
ISBN: 978-85-7393-632-2

Este livro aborda o desenvolvimento de aplicações para Internet utilizando a combinação de tecnologias Java, SQL e MySQL. O objetivo principal é apresentar uma solução voltada para criação, acesso e manutenção de banco de dados via Web.

Do nível básico ao avançado, começa com a instalação e configuração da linguagem Java, do banco de dados MySQL e do HeidiSQL – uma das ferramentas *open source* mais utilizadas na criação e manutenção de bancos de dados MySQL. Este ambiente de desenvolvimento permitirá o uso de aplicações Java, mesmo para quem ainda não tem experiência com esta linguagem.

Os comandos Java são apresentados de forma clara e objetiva visando a criação de um conhecimento sólido. Além disso, são apresentados os principais conceitos de Java Script, permitindo a exploração também desta modalidade de programação.

Você encontrará exemplos no modo gráfico, possibilitando o entendimento do desenvolvimento de uma aplicação gráfica com Java – tudo abordado dentro da Programação Orientada a Objetos – passando pelo conceito de Camadas e conhecimentos das tecnologias Applet e Servlet, para criação e manutenção dos bancos de dados em uma aplicação remota.

À venda nas melhores livrarias.

Entendendo os Conceitos de Backup

Autor: *Euriam Barros*

80 páginas
ISBN: 978-85-7393-629-2

Atualmente muito se fala em backup, como também toda e qualquer empresa faz (ou tenta fazer) backup de seus dados. A metodologia e os conceitos sobre backup encontram-se dispersos em diversos livros que tratam de segurança da informação, além de inúmeros sites da Internet também abordarem tal tema. Este livro traz os principais conceitos envolvidos com backup, algo raro em língua portuguesa:

- Por que proteger seus dados?
- Restaurando seus dados
- Recuperação de desastres
- Bacula: software livre para backup

À venda nas melhores livrarias.

Ambientes Virtuais de Aprendizagem em Diferentes Contextos

Organizadora: *Alice CybisPereira*

232 páginas
ISBN: 978-85-7393-607-0

O intenso ritmo do mundo globalizado e a complexidade crescente de tarefas que envolvem informação e tecnologia fazem com que o processo educativo não possa ser considerado uma atividade trivial. Atualmente, o foco educativo deixou de ser exclusividade de uma faixa etária que freqüenta escolas e universidades. A esse público juntam-se todos os indivíduos que necessitam estar continuamente atualizados no competitivo mercado de trabalho e/ou ativos na sociedade.

"AVA em diferentes contextos" traz enfoques bastante diferenciados de concepção e aplicabilidade destes ambientes, pois tratamos de grupos de pessoas com necessidades específicas. Não somos todos iguais, assim como as áreas de conhecimento também não o são. Desta forma, temos muito a pesquisar para que o processo ensino-aprendizagem seja mediado por plataformas AVAs, adequadas a seu público-alvo e ao domínio de conhecimento a ser tratado.

À venda nas melhores livrarias.

Introdução à Arquitetura de Mainframe e ao Sistema Operacional z/OS

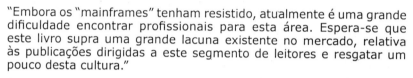

Autores: *Saulo Barbará de Oliveira (Org.)*
Jorge de Abreu Soares (Org.)
Jorge Widmar / Elcio J. Pineschi

160 páginas - 1ª edição - 2010
ISBN: 978-85-7393-887-6
Formato: 16 x 23

"Embora os "mainframes" tenham resistido, atualmente é uma grande dificuldade encontrar profissionais para esta área. Espera-se que este livro supra uma grande lacuna existente no mercado, relativa às publicações dirigidas a este segmento de leitores e resgatar um pouco desta cultura."
Antonio Celso Magalhães – Gerente de Grande Porte do PRODERJ.

"Em um mundo onde o conhecimento e atualização são requisitos básicos para acompanhar o ritmo do mercado de TI, boas fontes de aprendizado tornam-se ferramentas fundamentais. Este livro é uma destas ferramentas."
Ana Carolina M. P. Neves – University Relations Manager/IBM Academic Initiative – HR.

"Um livro de relevante importância, sendo um ótimo recurso até mesmo por ser um assunto carente na Web. Uma obra completa e de fácil entendimento para todos os profissionais da área de Mainframe que buscam aperfeiçoar-se no tema."
Leonardo Riego Pereira – AS / IBM Global Services Brazil – IT Specialist e IBM Academic Ambassador.

À venda nas melhores livrarias.

Impressão e acabamento
Gráfica da Editora Ciência Moderna Ltda.
Tel: (21) 2201-6662